cocina para llevar

CRISTINA MACÍA

cocina para llevar

al trabajo, al colegio o de excursión

PLAZA JANÉS

Diseño de la portada: Departamento de diseño de Random
    House Mondadori / Ferran López
Ilustración de la portada: © Gemma Aguasca

Primera edición: enero, 2007

© 2004, Cristina Macía
© Círculo de Lectores, S. A., 2004. Licencia editorial por
    cortesía de Círculo de Lectores, S. A.
© 2007, Random House Mondadori, S.A.
    Travessera de Gràcia, 47-49. 08021 Barcelona

Printed in Spain – Impreso en España

ISBN: 978-84-01-37966-6

Depósito legal: B. 51.034-2006

Fotocomposición: Anglofort, S. A.

Impreso en Limpergraf
Mogoda, 29. Barberà del Vallès (Barcelona)

Encuadernado en Artesanía Gráfica

L 3 7 9 6 6 6

Índice

RECETAS

Cuestión de tiempo

La clave es el tiempo, ¿no? Necesitamos tiempo para trabajar, para dormir, para cuidar de la familia, para estudiar, para ir al gimnasio, tiempo para relacionarnos con los demás, para leer un libro y para pagar las facturas. Hoy en día todo se centra en ahorrar tiempo: revelado de fotos al instante, pierda cinco kilos en una semana, haga ejercicio mientras ve la televisión, aprenda japonés en treinta días. Aun así las jornadas se nos encogen, nos faltan horas, no abarcamos. No tenemos tiempo.

Esa falta de tiempo es una de las principales causas de que cada vez comamos peor. Las cadenas de comida rápida, que se han extendido como una plaga, nos permiten ahorrar tiempo, desde luego, pero a costa de mandar a la órbita de Venus cualquier equilibrio nutricional (y de hacernos un buen agujero en la cartera, de paso). Las estanterías de los supermercados están abarrotadas de productos precongelados, precocinados y predigeridos que provocan estragos en el colesterol sólo con leer la etiqueta. La comida que se sirve en los comedores de empresa es desequilibrada, la de la cafetería de la universidad está fría, la que les ponen a los críos en el colegio mataría de aburrimiento a una ostra, los bocadillos que compramos para ir de excursión son carísimos y encima la loncha de jamón se transparenta. Pero ¿qué podemos hacer? No hay tiempo para volver a casa a comer como es debido, y menos tal como está el tráfico. Además, ¿quién va a preparar la comida? ¿Mamá, que trabaja de ocho a tres? ¿Papá, que acaba de llamar porque se le ha averiado el coche en medio de la carretera? ¿Carlos, que precisamente mañana tiene un examen y no aparta los ojos del ordenador?

Es una pregunta retórica. Para quien no haya dado aún con la respuesta, ahí va una pista: esa familia no va a comer en casa, y desde luego su nutrición no se basará precisamente en los principios de la dieta mediterránea.

Las nuevas realidades

No seamos catastrofistas: no todo son inconvenientes en este acelerado mundo de hoy. De acuerdo, el tráfico en las calles es criminal, pero eso ha sido en buena parte la causa de la aparición de los horarios de trabajo continuados o las jornadas comprimidas, que aunque nos obligan a un doloroso madrugón nos premian luego con tener la tarde más o menos libre.

Esta estructuración de la jornada laboral es una bendición para los que no tenemos madera de adictos al trabajo y nos gusta disfrutar de una vida más allá del empleo que nos da de comer. Además, en los centros de trabajo y en los colegios y universidades encontramos cada vez más a menudo zonas adaptadas para los que se llevan la comida de su casa, lugares muchas veces provistos de microondas y cafetera. No es que disponer de un espacio así sea imprescindible, pero ¿por qué negarlo?, es mucho más cómodo que zamparse el bocadillo o la ensalada delante del ordenador, en la biblioteca o de pie junto a la máquina del café. ¿No hay un lugar así en tu oficina? A ver, un poco de inventiva: seguramente a esas horas estará libre alguna sala de reuniones, el despacho de un compañero o hasta la sala de espera. O puede incluso que haga buen tiempo y te apetezca almorzar en el parque. O en el comedor de empresa..., sólo que con tu propia comida. Seguro que posibilidades hay muchas, es cuestión de saber verlas.

El obligatorio cambio de hábitos

Para almorzar fuera con comida que hemos llevado de casa es imprescindible dar un vuelco radical a nuestras costumbres. Más adelante hablaremos del tipo de comidas que te vas a llevar en la fiambrera o en el termo, pero vaya por delante que no van a ser un cocido de primero y un filete con patatas de segundo. En términos generales van a ser cosas mucho, mucho más ligeras, de modo que llegarás a la hora de la cena con un hambre canina. Ni que decir tiene que irte a la cama con el estómago lleno y el último bocado todavía en la garganta no es nada sano, no hace falta ser nutricionista para saber que de noche digerimos más despacio y peor. Y no es que quiera alarmar a nadie, pero los atracones justo antes de acostarnos pueden provocar reflujo gástrico: los alimentos a medio digerir y los ácidos estomacales vuelven al esófago, y por cierto, los ácidos estomacales no son cosa de broma. Esto, a la larga, puede dar lugar a una hernia de hiato y cosas aún peores que no vamos a mencionar porque esto es un libro de cocina y no los textos alarmantes de los paquetes de cigarrillos. Para no ponernos en lo peor, dejémoslo en que, como mínimo, con el estómago lleno cuesta más conciliar el sueño, la calidad de éste es peor, quien no ha tenido una pesadilla fruto de una indigestión no sabe lo que es eso, y encima todo engorda más. Seguro.

Se trata pues de introducir un segundo cambio en nuestros hábitos. El primero fue optar por una comida más ligera a mediodía, imprescindible si llevamos la fiambrera desde casa. El segundo será alterar la hora de la cena, adelantarla un poco aunque para ello debamos renunciar al sagrado hábito de tomarla viendo las noticias de la noche (créanme, es mejor, como mínimo evitarán que el devenir cotidiano del mundo les revuelva el estómago en mal momento). En el caso de los niños será más sencillo, basta recurrir al concepto «merienda-cena» de nuestra infancia; así tendrán cargadas las pilas para el resto de las actividades de la tarde, y podrán irse a la cama tranquilos y bien alimentados con tan sólo un vaso de leche a última hora.

También convendrá cambiar el menú de la cena. Y no consiste simplemente en intercambiar cena por comida, tomar por la noche lo que hasta ahora acostumbras a comer a mediodía. Lo mires como lo mires, cuanto más avanza el día más le cuesta trabajar a nuestro sistema digestivo, de manera que las fabadas, guisos, potajes y demás platos contundentes van a tener que quedar desterrados al fin de semana. ¿Eso quiere decir que no volverás a ver las legumbres más que en la proverbial comida de los domingos en casa de tu madre? ¡Noooo! Ya verás, ya verás cómo con los garbanzos se preparan hasta bocadillos (y si no te lo crees ve directo al índice y busca la receta del *hummus*).

Recapitulando, vamos a almorzar más ligero y también a cenar más ligero. Entonces, alguna comida habrá que reforzar, digo yo. Aparte de los tentempiés, que ya hablaremos de ellos, ¿cuál nos queda? Premio: el desayuno. El siempre olvidado desayuno. El maltratado desayuno. El imprescindible y básico desayuno.

El olvidado, maltratado, imprescindible
y básico desayuno

A ver si te suena alguna de estas frases: «Yo salgo de casa con el café bebido». «A mí es que por las mañanas no me entra nada.» «El desayuno me lo salto.» Y, por supuesto, la clásica: «¿Desayunar? ¿Quién tiene tiempo de desayunar?».

No es por echar la bronca a nadie, pero no es esto precisamente lo que nos enseñaron de pequeños, cuando antes de ir al cole no faltaba el tazón de leche con cacao y el pan con mantequilla. Habría que ver si a nuestros hijos les estamos dando el mismo ejemplo que recibimos, o si más bien cargan la mochila de libros con las únicas energías que les proporciona un pastelito industrial del que lo más sabroso son los cromos.

Lo del «café bebido» es un buen principio. Pero para llevarlo a buen fin habrá que añadir a ese café un poco de leche, un vaso de zumo o una pieza de fruta, unos cereales o tostadas, tal vez una tortilla francesa... Y es que, con las horas que han transcurrido desde que tomamos una cena ligera y las que nos faltan hasta la hora del almuerzo, si no cargamos las pilas nuestro organismo no se va a poder enfrentar en igualdad de condiciones a una mañana de trabajo o de estudios.

Pero claro, es cuestión de tiempo, ¿no? No tienes tiempo para desayunar. Sí que lo tienes probablemente para revisar el correo electrónico antes de salir de casa, pero para desayunar no. Vamos a tener que revisar ese concepto, y sobre todo dejar bien claro que para desayunar decentemente no será necesario que te levantes una hora antes. Ahí va una lista de trucos que a buen seguro te ayudarán. No tienes que seguirlos todos al pie de la letra, elige los que mejor vayan con tus gustos y con los de tu familia, e incorpora los que se te vayan ocurriendo.

- Deja puesta la noche anterior la mesa para el desayuno: tazas, platos, cucharillas, servilletas...
- Prepara la cafetera antes de acostarte y enciende el fuego mientras te duchas; el café estará a punto antes de que termines de secarte.
- Si preferís la leche con chocolate, deja las tazas preparadas con el cacao dentro del microondas, a falta sólo de añadir la leche.
- Desempolva la licuadora y deja preparadas en la nevera las frutas y verduras que vayas a utilizar. Como lo más latoso es limpiarla, limítate a desmontarla y deja las piezas en un balde con agua, ya las fregarás por la noche. (Más adelante encontrarás unas cuantas recetas de zumos.)
- La noche anterior saca del congelador unas magdalenas, o ten ya preparadas en la mesa las tostadas o los cereales. Si os gustan las tostadas con pan fresco déjalo cortado en la nevera desde la noche anterior.
- Si la noche no es muy calurosa deja fuera de la nevera la mantequilla, te será más fácil de untar.

• Antes de acostarte acuérdate de dejar unos huevos ya batidos con su punto de sal en un cuenco en la nevera. Por la mañana no te costará ni dos minutos cuajar una tortilla o preparar un revuelto.

Y si pese a las buenas intenciones todo falla..., ten en la despensa una reserva de barritas de muesli. No es la solución ideal, pero te proporcionarán más energía para la mañana que el café bebido, eso te lo aseguro.

Unos cuantos zumos para tu licuadora

Aquí están anotadas las cantidades para una sola persona, así que sólo tienes que multiplicar por el número de miembros de tu familia. Deja la fruta preparada la noche anterior, en la nevera... y reparte turnos para que cada día sea uno quien friegue la licuadora al volver a casa.

• 1/4 kg de uvas blancas bien lavadas, sin los tallos, y añade un cuarto de limón pelado.

• 1 manzana grande troceada sin pelar, regada con un par de cucharadas de zumo de limón (incorpora el zumo de limón a la licuadora).

• 1 zanahoria raspada regada con un par de cucharadas de zumo de limón y añade media naranja pelada (incorpora el zumo de limón a la licuadora).

• 2 peras medianas troceadas regadas con un par de

cucharadas de zumo de limón (incorpora el zumo de limón a la licuadora).

- 1 naranja pelada y 1/4 de limón pelado; mezcla el jugo con una cucharadita de miel.
- 1/4 kg de fresas lavadas. Pásalas por la licuadora y pon el zumo en un vaso grande con 10 cl de nata líquida y una cucharadita de azúcar (ni que decir tiene que este zumo NO es bajo en calorías y se debe reservar para ocasiones especiales).

De acuerdo, pero ¿y el tiempo?

Ya. Te hemos convencido para que desayunes bien, pero sigue siendo cuestión de tiempo. ¿De dónde diantres lo vas a sacar para preparar el almuerzo, el tuyo y el del resto de la familia, antes de salir de casa? ¿No estamos estirando demasiado la primera hora de la mañana?

No. Todo es cuestión de organización. La mayor parte de las recetas que se incluyen en este libro se pueden dejar preparadas desde la noche anterior, y las que no, sólo requieren un montaje de última hora que te robará unos pocos minutos de tu valioso tiempo. Además, muchas de estas recetas te permitirán aprovechar los restos de la cena o productos que ya tienes en la nevera. Pero no pongas esa cara, no tendrás la sensación de que estás comiendo de sobras, ni que tienes de almuerzo lo mismo que cenaste anoche. Prometido.

¿Me lo envuelve... para llevar?

Buena parte del éxito de tu almuerzo para llevar dependerá de algo tan obvio como los recipientes que utilices para el transporte. Una vez tomada la decisión de dar la espalda al grasiento y carísimo menú del día del bar que más cerca te cae del trabajo, lánzate a la busca y captura de fiambreras, termos, bolsas especiales y toda esa parafernalia que te permitirá transportar la comida en condiciones.

Las fiambreras de toda la vida

Son tu primera opción y la más evidente. Las hay desde carísimas a baratísimas, y probablemente las mejores, como suele suceder con casi todo en esta vida, estén en un sano punto intermedio. Las más costosas tienen un precio de vértigo, y te pueden hacer un buen agujero en el bolsillo si por cualquier motivo se te pierden o se estropean en el lavavajillas; las más económicas te durarán muy poco y te obligarán a una inversión continuada.

Lo principal es que sean bien herméticas, por motivos evidentes: no te interesa que en el caso de alimentos líquidos haya «fugas», ni que la tapa se suelte por cualquier motivo y tengas que dar caza a unas albóndigas de pavo que campan a su aire por la bolsa de transporte. Pero otro detalle fundamental es que tengan el tamaño adecuado para los alimentos que van a viajar en su interior. Aquí no funciona lo del caballo grande: si tu comida va a ir bailando dentro de la fiambrera probablemente llegará magullada, machacada y de lo menos apetecible. Esto es especialmente importante en el caso del almuerzo que empacas para que los niños se lo lleven al cole. ¡Ni te imaginas la cantidad de sacudidas que va a sufrir! Y cuando tu hijo abra el recipiente y se encuentre con que la ensalada de patata tiene la textura de un puré, por no mencionar que la mitad está pegada a la tapa, lo más probable es que lo cierre de nuevo y lo lleve de vuelta a casa sin probar, o peor todavía, que lo tire a la basura, con lo cual pensarás erróneamente que ha recibido una alimentación completa.

Por otra parte, existen en el mercado unas sofisticadas fiambreras con compartimientos, en las que teóricamente pueden viajar sin mezclarse el primer plato y el segundo, y en algunas hasta el postre. Son muy bonitas, pero en la práctica no resultan tan interesantes. Para empezar, por lo que hemos dicho antes, es poco probable que cada uno de los compartimientos tenga el tamaño adecuado para las cantidades de comida que vas a meter dentro; además, te obliga a consumir todos los «platos» a la misma temperatura, te obliga a refrigerar algo que preferirías comer a temperatura ambiente o te impide meter el segundo plato en el microondas porque al primero, una ensalada de tomate, las microondas esas... como que no le van. Las fiambreras apilables, las que van encajadas una sobre otra, son mucho más prácticas siempre que cada una disponga de su propia tapa. De todos modos, a la larga, seguro que las que utilizas más a menudo son las individuales.

Las últimas en llegar al mercado han sido las fiambreras semidesechables: muy herméticas, aptas para el congelador, el microondas y el lavavajillas, las podrás utilizar muchas veces y, aunque no son lo que se dice baratas, tampoco tienen un precio como para llevarte las manos a la cabeza cuando toque cambiarlas. Se presentan en diferentes tamaños y las encontrarás en buenas ferreterías y en grandes superficies, generalmente en paquetes de varias unidades. No sería mala idea que tuvieras unas cuantas disponibles en el armario para casos de necesidad.

Plásticos, aluminios y bolsas

Las fiambreras van a ser tu principal medio para transportar el almuerzo, pero no el único, y además, en ocasiones necesitarán complementarse con otros.

■ **Plástico de cocina.** Se comercializa en rollos, y más vale que lo elijas de buena calidad, de lo contrario cortarlo y trabajar con él te resultará una pesadilla. Tiene infinitas utilidades. Puedes emplearlo para envolver los sándwiches y bocadillos de manera que no se sequen (pero si el almuerzo es para los niños más vale que además de envolverlos los lleven dentro de una fiambrera rígida, si no llegarán a la hora de comer hechos migas; migas muy jugosas, eso sí). Sirven para separar dentro de la misma fiambrera ingredientes que, sin ser necesario que estén aislados por completo, conviene que no se mezclen en exceso antes de consumirlos; por ejemplo, en una ensalada de tomate y lechuga la segunda tenderá a quedar lacia con los jugos que suelta el primero. Una hojita de plástico de cocina evitará ese desaguisado. Si el alimento que va en la fiambrera es algo pringosillo, con un trozo de plástico conseguirás que la salsa no se pegue a la tapa; a la hora de consumir basta con retirarlo para que la comida quede mucho más presentable y apetecible. Ni que decir tiene que no es reutilizable.

■ **Papel de aluminio.** Es más fácil de manejar que el plástico de cocina y tiene más o menos las mismas aplicaciones. También es más resistente, sobre todo si lo eliges grueso, pero el resto son todo inconvenientes. Tarda siglos en degradarse, así que tu Pepito Grillo ecologista te dirá que cuanto menos lo uses, mejor. Además, en condiciones desfavorables, el ácido de algunos alimentos puede provocar la corrosión. Ya, es poco probable, pero... al plástico de cocina no le sucede nada. Así que utiliza el papel de aluminio con moderación. Técnicamente es reutilizable, pero si ha estado en contacto directo con los alimentos es mejor desecharlo tras un solo uso. Por el tema aquel de las bacterias, ya sabes.

■ **Bolsas.** Te serán muy útiles, desde las más sencillas a las que se comercializan con cierre de cremallera o «zip». Estas últimas suelen ser de plástico bastante grueso y tienen un precio muy razonable, sobre todo teniendo en cuenta que las puedes reutilizar si tienes la precaución de lavar bien el interior con agua jabonosa y secar en el tendedero de la ropa. Las hay de tamaños diferentes y las puedes usar para llevar cualquier cosa, desde unas hojas de lechuga que no quieras mezclar con el resto de los ingredientes de la fiambrera hasta una ración de patatas fritas comerciales, que no es que sean el aperitivo o guarnición más sano del mundo, pero un día es un día (y si las compras en bolsas de tamaño familiar te saldrán mucho más baratas).

El frío y el calor

Más adelante hablaremos de la seguridad de los alimentos y de la importancia de la temperatura en este tema. Por el momento aún nos movemos en el terreno de la logística, y nos basta con saber que unos nos interesa conservarlos fríos, otros calientes y otros a temperatura ambiente.

Si tienes microondas en tu lugar de trabajo, o si en el colegio de tus hijos les ofrecen ese servicio, olvídate de los termos. No son caros, pero los de plástico conservan el calor poco tiempo, y los de interior de cristal son de un frágil que asusta.

En caso de que no tengas microondas, compra un termo lo más sólido que encuentres, sobre todo si lo va a usar un niño, aunque eso implique gastar unos pocos euros más. Elígelo con tapón de rosca y una segunda tapa exterior en forma de tazón que servirá como plato hondo. Lávalo bien por dentro y por fuera antes de utilizarlo por primera vez, y también después de cada uso (no hace falta que sea inmediatamente después, pero acuérdate de cerrarlo bien y una vez en casa no escatimes el jabón). Antes de introducir los alimentos muy calientes en el termo llénalo con agua casi hirviendo y déjalo reposar cinco minutos, eso ayudará a que conserve mejor la temperatura; desecha el agua, pon la comida en el termo y asegúrate de cerrarlo bien.

El termo también es adecuado para mantener un alimento frío. Imagina por ejemplo que tu primer plato es un delicioso gazpacho, o lo bien que te va a sentar una *vichysoisse* bien fresquita un día de verano; pero si en tu centro de trabajo nadie ha tenido la consideración de poner una nevera, en este caso basta con poner en el termo abundantes cubitos de hielo durante cinco o diez minutos; luego los tiras y llenas el termo con el alimento que quieras mantener frío.

Ojo al dato: hay mucha gente que utiliza el termo para mantener caliente el café o fría la limonada. Eso es una idea fantástica, pero ni se te ocurra utilizarlo para transportar bebidas gaseosas. El bamboleo al que inevitablemente someteremos el termo haría que, en el momento de abrirlo, el gran géiser de Yellowstone pareciera una modesta ducha en comparación.

Vamos ahora con el frío. Hay ocasiones en que nos va a interesar mantener el contenido de las fiambreras fresco, en parte para evitar la proliferación de gérmenes y en parte porque debe de haber pocas cosas menos apetecibles en este mundo que una rodaja de melón o una ensaladilla rusa a temperatura ambiente, sobre todo si el ambiente es el de un verano denso o el de la calefacción echando humo. En estos casos, sin necesidad de recurrir al termo, hay otras maneras de llevar un poco de frío en la bolsa del almuerzo.

En buenas ferreterías o en grandes superficies, así como en tiendas especializadas, encontrarás unos trastos la mar de útiles y muy apañados de precio: los bloques de gel o hielo seco. Se trata de recipientes, por lo general bastante planos y rectangulares, rellenos con un gel, que se guardan en el congelador. Este gel alcanza temperaturas muy bajas y se descongela mucho más despacio que el agua, con lo que uno o dos trastos de éstos en la bolsa del almuerzo te servirán para mantenerlo fresco hasta la hora de comer sin necesidad de más refrigeración. No requieren cuidados especiales, sólo acuérdate de limpiarlos antes de volver a meterlos en el congelador. Ni que decir tiene que no deben estar en contacto con el termo si éste está lleno de alimentos calientes.

En caso de que no tengas bloques de gel siempre te quedarán las alternativas caseras. Las bolsas de hacer cubitos te irán de perlas y mantendrán la comida fría hasta que el hielo se derrita del todo. Procura no maltratar mucho la bolsa de transporte, porque si la bolsa de cubitos se te pincha, la cosa puede acabar muy pero que muy mal. Otra posibilidad son las botellitas de agua o de zumo individuales, con tapón de rosca. Una vez vacías, guárdalas en el congelador llenas de agua hasta dos tercios de su capacidad (nunca hasta el borde, al congelarse se te podrían reventar).

Para casos en los que el frío sea esencial, o bien si temes que los alimentos puedan estropearse, hay una solución: introduce la fiambrera bien cerrada en otra más amplia, añade tantos cubitos de hielo como quepan y cierra la segunda fiambrera. Huelga decir que es imprescindible que ambas sean absolutamente herméticas.

Existe otra posibilidad de aportar elementos fríos a tu bolsa de transporte: llevar la comida recién sacada del congelador. A la hora de almorzar estará descongelada y todavía fría, y habrá servido para mantener frescas otras fiambreras que lo requieran. Admiten congelación los sándwiches (lleva en fiambrera aparte las hojas de lechuga, las rodajas de huevo y otras cosas que no queden bien descongeladas), el tetrabrik de zumo e incluso el plato principal. Desde luego, también el pan o los *muffins*, y aunque vaya contra todo lo que te han dicho hasta ahora los yogures se congelan (y descongelan) perfectamente, así como los tarritos de queso fresco con sabores. Muchas de las recetas de este libro incluyen indicaciones sobre su paso por el congelador.

Recipientes adicionales

A menudo te encontrarás con que te apetece incluir en la bolsa de transporte ingredientes que no precisan de una aparatosa fiambrera, pero que tampoco nos interesa que vayan sueltos y a su aire. Échale un poco de imaginación: a tu alrededor verás montones de recipientes que te pueden ayudar a la hora de preparar tus almuerzos para llevar.

• Los envases del queso para untar y la mantequilla se pueden utilizar como fiambreras desechables; sólo recuerda que no son herméticos, y que no están diseñados para soportar temperaturas altas ni el uso del microondas.

• Los botes metálicos en los que se vende la vitamina C y otros comprimidos efervescentes son estupendos para transportar un puñado de frutos secos (que serán una auténtica bomba de energía a media mañana o como complemento de la comida).

• Un frasquito vacío de jarabe, a ser posible de plástico, te servirá perfectamente para llevar el aliño de la ensalada. Sólo tienes que ocuparte de lavarlo a conciencia antes de utilizarlo.

• Una cajetilla rígida de cigarrillos, que por cierto no deberías haberte fumado, te servirá para llevar unas cuantas galletas saladas o *croutones* de pan e incorporarlos luego a la ensalada o a una crema de verduras.

Y la vajilla

No, no se trata de que te lleves el plato de porcelana o las copas de cristal de la vitrina para comerte tu sándwich en la oficina, ni que les pongas a los chicos en la bolsa de transporte la cubertería heredada de la abuela, ni que en tu próximo picnic el mantel parezca sacado de *Retorno a Brideshead.* Pero hay unos mínimos imprescindibles sin los cuales el almuerzo se convertiría en un asunto incómodo y un tanto sucio.

• Servilletas de papel: imprescindibles y en abundancia. Te servirán como servilletas, claro, y también para limpiar de emergencia cualquier derrame que haga peligrar el teclado del ordenador.

• Platos de cartón: sólo para comidas no demasiado húmedas ni calientes. Para ésas es mejor un tazón de plástico reutilizable, o la tapa del termo si está diseñada para ese fin. No prescindas del plato aunque sólo estés comiendo un modesto bocadillo: te hará sentir un ser civilizado.

• Cubiertos de plástico: imprescindible un tenedor para la ensalada, una cucharita para el yogur... Los cuchillos de plástico dan un resultado bastante deplorable, así que arréglatelas para no necesitarlos llevando los ingredientes ya cortados desde casa.

• Vasos de plástico: por si no puedes coger los de la cafetera de la oficina, y te da repelús beber el agua o el zumo a morro de la botella.

Si en tu despacho dispones de un sitio donde guardar cosas, prueba a llevar «vajilla» el lunes para toda la semana. Aprovecha ese espacio para tener también un salvamanteles de plástico, unos cuantos sobrecitos de condimentos (mahonesa, ketchup, mostaza y salsa de soja) y tal vez un par de barritas de esas de régimen que te sacarán de un apuro si un día te olvidas la comida en casa.

La bolsa de transporte

En nuestro país tenemos tan poca experiencia en esto de llevarnos el almuerzo al trabajo que ni siquiera disponemos de un nombre para denominar lo que aquí estamos llamando «bolsa de transporte», a saber, la que nos va a servir para llevar de casa a la oficina o al colegio el termo, la fiambrera, una pieza de fruta, la servilleta y la botellita de zumo. Lo que para los norteamericanos, con más tradición en el tema, es la *lunch box*, y que tantos países latinoamericanos han adoptado alegremente como «loncheras», es para nosotros un trasto por el momento sin bautizar.

Tenga o no tenga nombre la criatura, lo que sí está claro es que debe reunir unas cuantas condiciones mínimas. Debe ser resistente, sobre todo si va a sufrir el trato que le den tus hijos, fácil de limpiar y también impermeable llegado el caso de que se produzca algún accidente en forma de derrame. Si se trata de una bolsa para llevar al colegio será mejor que esté hecha de un material rígido, o como mínimo muy fuerte. Nadie mejor que tú sabe del poder destructivo de esas manitas...

El tamaño sí importa. En tu bolsa de transporte no puede faltar espacio, pero tampoco debe sobrar demasiado. Por definición esa bolsa va a viajar mucho, y cuanto más sitio quede entre los alimentos más van a «bailar» y más riesgo habrá de que lleguen magullados. No se trata de que empaques las fiambreras como si estuvieras enviando porcelana china por correo, pero sí de que tomes ciertas precauciones: unas simples bolas de papel te evitarán en buena medida el problema.

Si tu previsión es llevar la comida al trabajo durante una temporada larga, no estaría de más invertir en una bolsa isotérmica. No son caras, y en el mercado hay diferentes modelos que a buen seguro se ajustarán a tus necesidades según el tamaño, el número de compartimientos y hasta los «extras» (¡algunas vienen con termo incorporado!). Para los peques de la casa existen también mochilas isotérmicas, con las que serán los más envidiados del comedor escolar.

Guerra a las bacterias

Las bacterias nos pueden echar a perder la comida y, si no estamos sobre aviso, también el estómago y la salud en general. Los antipáticos bichitos ya están presentes en los alimentos, lo que pasa es que no en un número alarmante, y el proceso de cocción o la refrigeración acaba con ellos o bien impide que se multipliquen. Lo malo para nosotros y lo bueno para las bacterias son las temperaturas intermedias, o sea, cuando la comida fría se empieza a calentar y la comida caliente se empieza a enfriar. Así que vamos a poner en letras bien grandes la regla de oro:

Los alimentos calientes se tienen
que conservar calientes,
los alimentos fríos se tienen que
conservar fríos.

Si de todo este libro sólo te quedas con un dato, que sea con éste. Una crema de verduras, una sopa, un guiso de pollo o unas albóndigas deben mantenerse calientes hasta el momento de su consumo, o bien enfriar lo más deprisa posible y refrigerar para recalentar justo antes de comer. Con que tengas en cuenta todo lo dicho en el capítulo anterior, en el apartado «El frío y el calor», y una buena dosis de sensatez, podrás ir sobre seguro sin el riesgo de que la ensalada de arroz dé con tus huesos en urgencias.

Esto es especialmente importante ya que muchas veces vamos a trabajar con sobras. Está muy bien esperar a que los restos del pollo asado se enfríen un poco antes de sacarles algo de carne para tu ensalada de mañana, pero no dejes que se eternicen en la cocina, donde por lo general la temperatura es algo más alta que en otras dependencias de la casa. Enfría los restos cuanto antes mejor, si es necesario mete el recipiente dentro de otro con cubitos de hielo, y llévalos a la nevera cuanto antes. Recuerda que en muchas ocasiones esos alimentos no van a pasar de nuevo por el fuego, con lo cual las bacterias que se han multiplicado no tendrán «enemigos».

Y ten cuidado: hay alimentos que, aunque no te lo parezca, requieren refrigeración (o algún elemento que los mantenga fríos):

- Fiambres cocidos: jamón de York, pechuga de pavo, mortadela...
- Leche, yogur y quesos frescos.
- Fruta pelada, que ha perdido su protección natural (claro, la piel).

- Arroz cocido (a no ser que se mantenga en caliente).
- Verduras crudas troceadas.

En la actualidad hay en el mercado algunos «yogures» que admiten la conservación a temperatura ambiente. Pueden ser cómodos para llevar en tus almuerzos, pero en realidad comer yogur tibio no resulta nada agradable, y ni por asomo tienen las mismas propiedades saludables del yogur tradicional.

Otro tema fundamental para ganar la guerra a las bacterias es la higiene. Con frecuencia no te va a ser posible fregar las fiambreras y recipientes justo después del almuerzo, y en el caso de los niños no puedes confiar en que lo hagan a base de bien. Intenta como mínimo aclararlos un poco bajo el grifo, aunque sea en el cuarto de baño (si se trata de un picnic al lado de un río, aprovéchalo), y lleva una buena provisión de bolsas de plástico para que no ensucien la bolsa de transporte. Una vez en casa friega bien todo, incluida la bolsa de transporte si es necesario, y no escatimes el agua caliente ni el jabón. Si una vez a la semana los desinfectas con una gotita de lejía diluida en agua abundante, mejor que mejor. Ni que decir tiene que la higiene bien entendida empieza por tus manos: lávatelas a base de bien antes de empezar a manipular los alimentos, y sobre todo después de cocinarlos para no transmitirles bacterias extra.

Aunque parezca de cajón, conviene tener en cuenta que los alimentos cocinados en ningún momento deben estar en contacto con los crudos, ya que los podrían contaminar. Hasta aquí bien, sé que no se os ocurriría mezclar el pollo crudo con la ensalada, pero ¿has limpiado bien la tabla en la que cortaste la carne antes de cortar el tomate? ¿Estás utilizando el mismo cuchillo? ¿Te ha dado una ataque de «reciclitis» y piensas envolver el sándwich con el mismo papel de aluminio en que estaban las chuletas? ¿La lechuga y el arroz cocido han estado en contacto con la encimera de tu cocina? La contaminación indirecta también cuenta, amigos.

También se come por los ojos

De nada sirve preparar un almuerzo nutritivo, transportarlo con todo mimo, tener en cuenta todas las medidas de seguridad e higiene si, en el momento de comer, sólo con verlo se nos quita el apetito. La fruta está magullada, la ensalada lacia, el sándwich reblandecido y la mitad del contenido de la fiambrera está pegado a la tapa. Dan ganas de ponerse a régimen, ¿verdad? Esto es especialmente importante en el caso de los niños: nosotros, como adultos, podemos hacer de tripas corazón, cerrar los ojos y pensar que algo hay que comer para aguantar el resto de la jornada, pero es más que dudoso que los peques hagan gala de tanta sensatez. Más bien harán buen uso del cubo de basura y al recreo, que se nos hace tarde.

Las causas de la comida impresentable se pueden agrupar en tres categorías principales y una extra, a saber:

- Mala elección de las recetas.
- Mala mezcla de ingredientes.

- Mal transporte.
- Y la extra: mala idea.

Mala elección de las recetas

Técnicamente, cualquier cosa que quepa en una fiambrera o en un termo se puede considerar «comida para llevar». En la práctica no es así. No se te ocurriría empacar para la oficina un huevo frito, ¿verdad? Pues por motivos muy semejantes tampoco son buena idea unas patatas fritas (por mucho que las conserves calientes en un termo o las recalientes en el microondas), ni unas albóndigas con toda su salsa, ni un bistec a la plancha. Las patatas quedarían lacias, el exceso de salsa de las albóndigas resultaría visualmente poco apetecible, y lo del bistec no merece la pena ni comentarlo, que hay cosas que se comen recién hechas o no se comen.

En términos generales, aunque siempre hay excepciones, los fritos no son una buena elección. El proceso de fritura les aporta cosas indeseables, como el exceso de grasa que absorben, y cosas buenas, como esa costra crujiente que «envuelve» un corazón tierno. El exceso de tiempo en reposo si transportas los fritos en un termo, o el proceso de recalentado si van a recibir una dosis de microondas, harán que se pierda por completo la textura crujiente, con lo que la grasa se notará más. Nada que objetar a unos filetes empanados que se consuman en frío, ni a unas croquetas si te gustan a temperatura ambiente, hasta el pollo rebozado tiene su aquél, así como las empanadillas. Pero, en general, los fritos son alimentos pesados y poco adecuados para consumir varias horas después de su preparación.

Las salsas tampoco son buenas amigas del transporte. Ten en cuenta que el recipiente de transporte recibirá más de una sacudida, sobre todo en el caso de los niños: la salsa corre riesgo de salirse de una fiambrera no del todo hermética, o como mínimo de embadurnar las paredes y tapa hasta darle un aspecto que es cualquier cosa menos apetitoso. Para evitarlo, procura reducir de manera drástica la cantidad de salsa, o incluso prescindir de ella. También puedes recortar un trozo de plástico de cocina con la forma de la fiambrera y colocarlo sobre el alimento antes de cerrar: de este modo y un transporte más cuidadoso resuelves en gran medida el problema.

Para compensar la menor cantidad de salsa tendrás que hacer que tus comidas sean más jugosas en sí. Por ejemplo, prueba a hacer las albóndigas con miga de pan remojada en leche en vez de con pan rallado, o en el caso del pollo y el pescado cocínalos en su punto justo.

Por último, piensa que hay cosas que se consumen recién hechas o mejor se tiran a la basura. Hablábamos de ejemplos obvios como un huevo frito o un bistec, pero hay otros muchos: la pizza (a no ser que pertenezcas al reducido grupo de los que disfrutan con la pizza fría), los revueltos, las piezas de carne a la parrilla en las que el justo punto de grasa sea esencial... Echa mano de la sensatez y la lógica: con eso y un poco de experiencia pronto sabrás de qué recetas hay que huir cuando estés preparando la fiambrera.

Mala mezcla de ingredientes

Hay ingredientes que sólo se deben mezclar en el último momento, de lo contrario al abrir la fiambrera te espera el desastre. Eso, por supuesto, implica transportar más de un recipiente. Si la sola idea te da pereza elige recetas de otro tipo, pero que conste que a cambio de una mínima incomodidad estarás ampliando tu abanico de posibilidades.

Los ingredientes que no se deben mezclar hasta el momento de consumir son aquellos que deben estar a diferentes temperaturas, que tienen texturas muy diferentes o que reaccionan al entrar en contacto.

■ **Temperaturas.** Imagina que has decidido darte un lujo y aprovechar el microondas de la oficina para obsequiarte con una pera con salsa caliente de chocolate. ¿Te imaginas lo que pasará con la pera tras salir del horno? No es una idea muy apetecible, ¿verdad? Siempre que en un mismo plato se busque un contraste de temperaturas los ingredientes tendrán que viajar por separado.

■ **Texturas.** Si queremos tomar una aterciopelada crema de verduras con el contrapunto crujiente que le dan unos dados de pan frito, ni que decir tiene que no lo conseguiremos si la crema y el pan van juntos desde casa hasta la hora de comer. Lo mismo le sucederá a tu sándwich si se pasa demasiado tiempo untado con mahonesa, con mantequilla o con salsa rosa. Para solucionar problemas como los del primer caso, transporta los ingredientes «incompatibles» en distintos recipientes. Esto es aplicable también en el caso de los sándwiches, aunque otra manera de prevenir el desastre es poner una hoja de lechuga entre el pan y los ingredientes más peligrosos (cosa que, de paso, incrementará el valor nutritivo de tu almuerzo).

■ **Reacciones.** Aquí los problemas se te van a presentar básicamente con las ensaladas que contengan hojas verdes delicadas. En una ensalada de pasta o de legumbres, nada te impide incorporarle el aliño desde el primer momento; es más, incluso será beneficioso, porque el tiempo de reposo permite una mejor transmisión de los sabores. En cambio, si aliñas con antelación una ensalada de lechuga, de endibias o de oruga, es probable que a la hora de comer las hojas estén mustias, lacias y nada apetitosas. Los aliños, sobre todo si contienen zumo de limón o vinagre (y pocos hay que no lo contengan), deberás transportarlos en un frasquito aparte. Agítalo bien antes de abrirlo para que se emulsione.

Mal transporte

Ya lo hemos comentado, pero no está de más hacer hincapié: es vital empacar y transportar el almuerzo en condiciones, no sólo por el peligro de que los alimentos se estropeen, sino para evitar que lleguen rotos, magullados y en general con aspecto poco atractivo. Lo fundamental es que el recipiente de transporte no sufra demasiadas sacudidas, algo que no siempre se puede evitar. Así que, para que los alimentos se magullen lo menos posible, intenta empacarlos siempre en fiambreras donde queden justos de espacio, cuanto menos holgados mejor. Y lo mismo se aplica a los recipientes dentro de la bolsa de transporte: procura que no queden demasiados huecos o, en su caso, rellénalos con las servilletas o con bolas de papel.

La fruta es un caso aparte. A no ser que tus hijos o tú seáis aficionados a comerla a mordiscos (olé tus dientes), seguramente recurrirás a menudo a las más fáciles de pelar con las manos, que son el plátano y la mandarina. En el caso de la mandarina la piel actuará de «colchón» natural que impedirá que se estropee; el plátano, en cambio, es más delicado, sobre todo si está muy maduro. Conviene envolverlo al menos en una servilleta de papel.

También puedes atreverte con otras frutas, técnicamente menos sencillas de comer o más pringosas (si optas por unas ciruelas, por ejemplo, asegúrate de que el suministro de servilletas de papel está a la altura).

Prueba en alguna ocasión a ponerlas ya peladas y troceadas en una fiambrera, y rocíalas con zumo de limón si hay riesgo de que se ennegrezcan. Eso sí, recuerda que la fruta pelada se debe conservar en un lugar fresco, o mejor aún en la nevera.

Mala idea

Lo que vamos a decir ahora entra en la categoría de las cosas que caen por su peso, pero es una pésima idea preparar para tu almuerzo o el de tus hijos alimentos que no sean de vuestro agrado. Más aún, aunque tú como adulto te obligues de vez en cuando a comer lentejas, pese a no ser tu plato favorito, porque sabes que te convienen, ni sueñes con que los niños vayan a ser así de sensatos. Elegir platos que les gusten es la única garantía que tienes de que se los van a comer... y elegir platos que te gusten a ti es una buena manera de transformar el rato del almuerzo en un momento agradable y no en otra tarea más de la jornada.

Cuestión de equilibrio

Últimamente parece que para preparar la comida sea imprescindible tener un máster en nutrición: tantas raciones de fruta y verdura (una de ellas cruda) al día, tantos gramos de fibra, cantidad diaria recomendada de vitamina C, grasas poliinsaturadas, ojo al colesterol malo... ¡con lo bien que nos iba antes sin tanta ciencia! Nuestras abuelas y nuestras madres cocinaron siempre dieta mediterránea y no habían visto en su vida una pirámide de alimentos.

No te obsesiones, en serio, no intentes diseñar cada menú cotidiano como un equilibrio perfecto entre los nutrientes. Si un día tu ingesta de vitamina A no alcanza la cantidad diaria recomendada no vas a perder la vista; si un día no consumes fibra suficiente no tendrás problemas de tránsito intestinal, y nadie va a sufrir un infarto si un día cocinas con mantequilla en vez de aceite de oliva.

Piensa a lo grande. La búsqueda del equilibrio se tiene que lograr, por ejemplo, en la alimentación de toda una semana, no en el día a día. En este sentido, lo que más te va a ayudar es programar las comidas y las cenas de lunes a viernes; así, de paso, puedes preparar también la lista de la compra y ahorrarte los viajes de última hora al supermercado, y aprovechar los fines de semana para los pequeños lujos como la comida más contundente, o bien para compensar carencias de la semana. Además de una nutrición equilibrada, este tipo de planificación te permitirá calcular y contar con sobras debidamente programadas: recuerda, el objetivo es que tu almuerzo del día siguiente esté medio hecho ya cuando termines de cenar.

Lo más importante que debes tener en cuenta es que el almuerzo y la cena sean complementarios, nada de comer carne, pasta o legumbres dos veces en el mismo día. Pero, aunque la comida haya sido ligera, no es cuestión de que la cena sea tan opípara que luego no haya quien duerma. En resumen, vamos a tener dos comidas ligeras en vez de una ligera y otra más potente, como antes. ¿No nos va a faltar algo?

Efectivamente, vamos a comer menos cantidad, lo que en términos generales no es una mala idea, ya que por lo visto la obesidad se está convirtiendo en un problema crónico en nuestra sociedad. Pero como aquí no se trata de ponerse a régimen forzoso, lo mejor será ser buenos chicos y volver a desayunar como es debido, y también complementar la dieta con dos comidas «extra» al día: un tentempié a media mañana y una merienda ligera a media tarde. ¡Ojo!, tienen que ser dos aportaciones razonables y razonadas, no un nada recomendable picoteo entre horas. Los alimentos que tomes en esos momentos tienen que complementar la carencia en las comidas principales, además de proporcionarte la energía necesaria para seguir con la jornada.

A media mañana

Tú delante del ordenador, los niños en el recreo... todos tenéis cosas más importantes que hacer, pero ya han pasado varias horas desde el desayuno y el almuerzo aún no está a la vista. Momento de crisis, sobre todo si el desayuno no fue precisamente copioso: el organismo necesita gasolina, y si no se la proporcionamos empezará a quemar reservas. Por lo tanto, para el tentempié de media mañana vamos a necesitar algo que se pueda comer deprisa, sin líos y que, a un mismo tiempo, nos recargue las pilas. Ahí van algunas opciones:

• Pipas de girasol: se venden ya peladas en bolsitas individuales (en quioscos), y también en bolsas grandes que puedes dividir en paquetes para varios días, la opción más económica. Por la misma regla de tres, cualquier variante de frutos secos es interesante para esta hora.
• Ciruelas secas, higos secos, pasas, orejones de albaricoque: energía dulce, barata e instantánea. Las ci-

ruelas cómpralas con hueso, salen mucho más sabrosas y jugosas.

● Palomitas de maíz: mejor las preparadas en casa, dónde cabe. Un buen aporte de fibra y energía.

● Dos quesitos y una rebanada de pan tostado: hidratos de carbono y lácteos, la combinación perfecta.

● Aceitunas deshuesadas o rellenas: si pensabas que al ser verdes las aceitunas no aportaban energía, es decir, no engordaban... ibas muy desencaminado. Pero para recuperar energía son una maravilla.

● Plátano o mandarina: ambas son frutas fáciles de pelar y comer, y aportan azúcares y energía instantánea. Sobre todo el plátano, ideal para los niños con mucha actividad física. ¿Por qué crees que lo comen los tenistas entre set y set?

Como puedes ver, todas estas sugerencias son fáciles de empacar en bolsitas individuales, y se comen en un minuto para que los enanos no pierdan un instante de recreo y tú puedas volver enseguida al trabajo. Incluye tus propias ideas, piensa simplemente en que tienen que ser fáciles de comer, rápidas y que aporten energía casi instantánea.

La hora de la merienda

Creías que la merienda era sólo para los niños, ¿verdad? Ya verás cuando empieces a hacer almuerzos ligeros, te entre el gusanillo a media tarde y la hora de la cena te parezca remota y distante.

Para tus hijos, «media tarde» coincidirá seguramente con la hora de salida del colegio. Estarán hambrientos como hienas, y aún les espera media jornada de actividades extraescolares, deberes y la indispensable tarea que les corresponde por edad: jugar y divertirse. Si estás seguro de que durante el resto del día están recibiendo una alimentación equilibrada, la mejor merienda imaginable para darles un chute de energía es una que seguro que recuerdas muy bien: un vaso de leche, pan y chocolate. Hasta nos podemos poner políticamente incorrectos y sacar de la ecuación la leche; el chocolate por sí solo es una bomba energética de efecto rápido... y nunca minusvalores las características nutritivas del pan (luego hablamos más de esto).

Para los mayores, la merienda es una pausa necesaria a fin de recuperar tanto el aliento como las fuerzas. Aunque sean sólo unos minutos, haz un alto en el camino y siéntate para tomar un yogur, una pieza de fruta, una barrita de muesli o unos frutos secos. ¿Dispones de un ratito? Pues ponte cómodo, coge el periódico que igual ni te ha dado tiempo de abrir en todo el día, y sírvete una rodaja de piña en conserva con unas cuantas almendras, o abre una latita de berberechos. Pero, sobre todo, relájate, que un rato de calma te va a alimentar más que todo lo que comas.

En cualquier caso, tanto el tentempié de media mañana como la merienda deben ser dos comidas programadas y calculadas; tu mayor enemigo es el picoteo indiscriminado, y el de tus hijos el bollito industrial por mucho que les gusten los cromos. De nada servirá que estemos programando almuerzos sanos y nutritivos si entre horas comemos cualquier cosa.

Lo que vamos a comer

El almuerzo que prepares para llevarte a la oficina y el que prepares para que tomen tus hijos en el colegio deben diferenciarse en un detalle fundamental: mientras que para el tuyo puedes experimentar, innovar y probar tanto como te apetezca, el de los niños tiene que consistir en algo que ya hayan comido en casa y, por supuesto, que les guste. En cuestión de gastronomía, los peques son de lo más reaccionario, y como no vas a estar a su lado con el hacha levantada para vigilar que coman, lo más probable es que el almuerzo acabe en el cubo de la basura.

¿Significa eso que no puedes experimentar con ingredientes nuevos y recetas originales? Claro que no... pero primero en casa. Dicho esto, echemos un vistazo a algunos alimentos que no suelen ser habituales en nuestra dieta, y la razón de por qué de repente nos interesa incorporarlos.

■ **Mantequilla de cacahuete.** Es una pasta untable hecha a partir de cacahuetes que encontrarás en grandes superficies en dos versiones: con tropezones o sin ellos. Una vez abierto el frasco se conserva perfectamente en la nevera. Es una fuente interesantísima de grasas monoinsaturadas, vitamina E, fibra y magnesio, y aporta más proteínas vegetales que ninguna otra legumbre o fruto seco. Tiene un agradable sabor salado que, aunque te sorprenda, combina de maravilla con mermeladas y chocolates. Si a tus hijos les gusta vas a tener siempre en la nevera un comodín estupendo y muy alimenticio. ¡Pero no es sólo para niños! Para ti tiene las mismas virtudes, y además es cardiosaludable y ayuda a prevenir el cáncer de mama. La mala fama de la mantequilla de cacahuete viene dada porque es una de las comidas favoritas de los estadounidenses, que en general no se caracterizan por llevar una dieta sana. Pero en este caso han acertado de pleno.

■ **Derivados de la soja.** Para los vegetarianos sustituyen a las proteínas animales; sobre todo el tofu, que tiene un valor proteico superior al de la carne, el huevo y la leche. En su contra hay que decir que es tirando a insulso, como un queso fresco... pero esa cualidad hace que absorba de maravilla otros sabores y acompañe casi cualquier receta. Éste no es un libro de nutrición, de modo que no vamos a dedicarnos a cantar aquí las innumerables virtudes del tofu: pásate por cualquier tienda especializada en dietética de tu barrio y el dependiente estará encantado de informarte. Simplemente, tenlo en cuenta a la hora de diseñar tus almuerzos. El consumo habitual de derivados de la soja se ha relacionado con una menor incidencia de la osteoporosis en las mujeres orientales, y también con procesos menopáusicos menos fastidiosos.

■ **Verduras crudas.** Estamos acostumbrados a tomar las verduras cocinadas, a veces demasiado, de manera que las zanahorias y la coliflor acaban teniendo más o menos la misma textura. De hecho, oímos la palabra «crudités» y se nos ponen los pelos como escarpias. Eso, como se suele decir, es que lo has probado poco. Incorpora a tus sándwiches y ensaladas tiritas de apio, de pimiento o de zanahoria, prueba el delicioso sabor terrestre de unas láminas de champiñón crudo. Son originales variaciones de sabor y textura, además de verdaderas bombas de vitaminas.

■ **Barritas dietéticas.** No se trata de que te pongas a régimen, sino de que cuentes con ellas para un caso de apuro. Son muy nutritivas y saciantes, te servirán para sustituir el almuerzo un día que vayas muy pillado de tiempo.

■ **Frutas y verduras de cuarta gama.** Se entiende por «cuarta gama» el procesado de hortalizas y frutas frescas limpias, troceadas y envasadas para su consumo. Tiene una fecha de caducidad de unos siete a diez días, requieren refrigeración y su precio te puede hacer un buen agujero en el bolsillo si echas mano de ellas demasiado a menudo; pero si prevés que no vas a tener tiempo para preparar el almuerzo son una opción muy interesante.

■ **Pastas y arroces integrales.** Hay demasiados refinados en nuestra vida, y no nos referimos precisamente a esa gente que coge la taza del café con el meñique estirado. Si somos conscientes de lo beneficiosos que son los productos integrales, ¿por qué nos limitamos al pan? Prueba a utilizar pasta y arroz hechos con trigo entero: son mucho más saludables, nutritivos y saciantes. También exigen una cocción más larga, y suelen costar más dinero, pero en este caso la balanza se inclina sin duda hacia el lado positivo.

Por supuesto, no son más que un puñado de ideas. Abre bien los ojos cuando estés en el supermercado, tómate un minuto para mirar los alimentos que no conozcas, lee las etiquetas. Seguro que te sugieren un montón de posibilidades nuevas e interesantes para futuros almuerzos.

El «peligro» del pan

No nos engañemos: en la mayoría de ocasiones el núcleo de tu almuerzo va a ser un bocadillo. Quizás una ensalada aparte, una manzana, unos frutos secos... pero el bocata será el elemento sustancial. ¿Y en qué consiste la mayor parte del bocadillo? Fácil: en pan. De modo que, si ya de por sí es una buena idea vigilar el tipo de pan que consumimos cuando comemos en casa, cuando se come fuera el detalle pasa a ser fundamental.

No vamos a descubrir la sopa de ajo: el pan integral es mucho más saludable, más nutritivo y más saciante que el pan blanco, confeccionado con trigo al que se ha despojado de la cáscara (y junto con ella de sus elementos más beneficiosos). El pan integral aporta fibras, antioxidantes, vitamina E, ácido fólico y minerales en unas cantidades muy interesantes. Eso sí, a la hora de comprar, ten cuidado, que no todo pan de color oscuro es integral: la picaresca ha llevado a incluir caramelo o melaza para dar el tradicional gato por liebre. Lee con atención la etiqueta si se trata de pan «comercial», y pregunta sin rubor al panadero si es el caso.

Prueba diferentes tipos de pan integral, si no el aburrimiento te va a matar. Hay panes de multicereales, con semillas, con un pequeño porcentaje de centeno, de maíz... Congélalo ya cortado en rodajas y lo tendrás siempre a mano, además de que te servirá para contribuir a mantener fríos el resto de los ingredientes (y no se te romperá al untarlo). Y, por supuesto, hay vida más allá de las barras y el pan de molde. Cuando pienses en bocadillos, imagina también las tortillas mexicanas y las pitas rellenas, por ejemplo. En la variedad está el gusto, y si es variedad integral, también la salud.

El pan de pita se suele preparar metiéndolo un momento en el tostador para poder manejarlo bien. Luego lo abrimos por arriba de manera que quede como una bolsa, lo rellenamos a base de bien con los ingredientes que queramos y lo envolvemos para transportarlo. Se puede congelar perfectamente. Con respecto a las tortillas mexicanas, ya sean de trigo o de maíz, a no ser que la marca que compres indique otra cosa, la manera habitual de prepararlas es salpicándolas con unas gotitas de agua y calentarlas luego en la sartén diez segundos por cada lado, aunque las vayamos a consumir frías. Esto hará que sean más manejables y se puedan rellenar y enrollar o doblar sin riesgo de que se rompan.

Tiempo libre

De picnic

Por suerte, no todo en esta vida es trabajo y estudios. Llega el buen tiempo, se acercan las vacaciones, apetece coger el coche y alejarse del mundanal ruido con la familia o con el grupo de amiguetes. Una excursión, un picnic, un viaje largo de ocio... también son ocasiones en las que preparamos comida para llevar.

Las consideraciones de seguridad e higiene vienen a ser las mismas: hay que mantener fríos los alimentos fríos y calientes los alimentos calientes. Incluso el tipo de recetas es muy similar, se trata de buscar cosas sencillas de comer y que requieran el mínimo de trabajo y parafernalia. Pero en estos casos vas a contar con algunos «extras» que te facilitarán mucho la vida.

■ **Nevera portátil.** Utilísima, tanto el modelo «anticuado», un sencillo recipiente isotérmico que requiere montones de hielo, como las más modernas que se pueden conectar al encendedor del coche. Sea cual sea la nevera que uses, cuanto más llena vaya, mejor, y cuando más fría esté la comida que hayas metido dentro, mejor todavía: ambas cosas contribuirán a que se conserve el frío. Si es de las que tienen la tapa en la parte superior asegúrate de poner al fondo los alimentos que vayas a tardar más en utilizar, siempre y cuando eso no implique que lleguen aplastados, claro. Procura abrirla sólo lo imprescindible, y sobre todo desecha los alimentos que hayan pasado demasiado tiempo sobre el mantel del picnic: tu nevera está diseñada para mantenerlos fríos, no para enfriarlos de nuevo una vez tibios, ya que lo único que conseguirás es que suba la temperatura en el interior y poner en peligro el resto de la comida.

Si es posible lleva la nevera dentro del coche, en el asiento de atrás, donde disfrutará de los beneficios del aire acondicionado, y no en el maletero, donde la temperatura es como la de una sauna. Una vez llegados al punto de destino procura que la nevera esté siempre en un lugar fresco, nunca al sol. Incluso la puedes cubrir con una manta de color claro: aunque te cueste creerlo ayudará a mantener el frío del interior.

■ **Barbacoas portátiles y desechables.** Elige una de las primeras si eres aficionado a las barbacoas, o prueba con las segundas para ver qué tal se te dan. Estas últimas vienen ya con el carbón incorporado. Ya seas usuario experto o novato, recuerda que hay lugares donde está estrictamente prohibido encender fuego, incluido el de la barbacoa. Respeta las normas y evitarás salir en las noticias. En cualquier caso, asegúrate de apagar perfectamente las brasas cuando hayas terminado de cocinar, y llévate la barbacoa desechable a casa (no, no es biodegradable, fijo, y su interesante aspecto metálico tampoco contribuye a la mejora del paisaje).

■ **Cestas para picnic.** No son imprescindibles, pero sí muy coquetas y prácticas para los que gustan de todas las comodidades. Incluyen platos, vasos y cubiertos, casi siempre de plástico (aunque las hay de auténtico lujo y se venden hasta con vajilla de porcelana). Algunas vienen de serie con termo incluido. Tanto si eres un adicto a los picnics como si te gustan las pequeñas comodidades de la vida, vale la pena que inviertas una cierta cantidad de dinero en una de estas cestas; pero, qué duda cabe, te las puedes arreglar perfectamente con platos y vasos de cartón. En cuanto a los cubiertos, ¿quién los necesita, habiendo dedos?

■ **Mesa y sillas plegables.** Muy cómodas, pero sólo si el maletero de tu coche es de los de talla XXL. En realidad, a menos que alguno de los asistentes sea una persona mayor o con problemas de movilidad, no son en absoluto necesarias. Se pueden sustituir de maravilla por una manta vieja, siempre que no os importe sentaros en el suelo. Ojo, antes de salir de casa piensa si es probable que el suelo esté húmedo; en ese caso necesitarás también un hule o un plástico grande para ponerlo debajo.

Otras cosas que puedes necesitar para salir de un apuro son:

- Repelente de insectos.
- Crema para las picaduras (sobre todo si se te olvidó el repelente).
- Una navaja mil usos (o al menos novecientos noventa y nueve).
- Bolsas de basura para recoger los restos.
- Bolsas para llevar la vajilla sucia.
- Rollos de papel de cocina (servirán como servilletas y para muchas cosas más).
- Agua abundante, para beber, para limpiar una herida, para apagar la barbacoa...
- Ropa de abrigo, por si refresca de repente.
- Una pelota hinchable o cualquier otro juguete de grupo si hay niños (y no tan niños).
- El teléfono móvil con la batería bien cargada. Por si acaso...

Completa esta lista con tus propias ideas, y acuérdate de prepararlo todo con tanta antelación como te sea posible. El éxito de un picnic se basa sobre todo en la buena preparación logística. Por lo demás, las normas de seguridad con la comida son las mismas que ya hemos apuntado anteriormente, con la salvedad de que aquí, casi con toda seguridad, la temperatura ambiente va a ser alta. Planea las recetas teniéndolo en cuenta y todo irá sobre ruedas.

Vamos de excursión

Si en vez de picnic lo que tienes planeado es una excursión, la cosa cambia mucho. Ya no tendrás el coche para hacer de mula, todo lo que lleves lo tendrás que cargar a la espalda, y por experiencia sabes muy bien que cada kilo pesa el doble cuando llevas un rato de marcha.

Los alimentos que elijas para una excursión a pie tienen que ser muy nutritivos, saciantes, ligeros y que, a la vez, llenen tu depósito de energía. Ni que decir tiene que no vas a contar con nada para refrigerarlos: los termos son aparatosos y delicados, las bolsas isotérmicas no son garantía para un transporte de muchas horas y menos si hace calor, y ni por asomo vas a cargar con bloques de gel helado. Por lo tanto, tu «menú» tendrá que poder conservarse sin riesgos a temperatura ambiente que, probablemente, será muy elevada.

Por suerte, aun así tienes mucho donde elegir. Calcula las horas que vas a estar fuera de la civilización, cuánto ejercicio te has propuesto hacer, y en función de eso elige qué vas a llevar en la mochila. Aquí van unas humildes propuestas:

- Frutos secos, a ser posible con poca sal para evitar la sed.
- Plátanos, una manera rapidísima de recargar las pilas.
- Sándwiches de pan integral con mantequilla de cacahuete, quesos que no sean tiernos, embutidos curados, etc.
- Barritas de muesli.
- Barritas dietéticas (no es que te haga falta guardar la línea, es que aportan muchos nutrientes, son muy saciantes y facilísimas de transportar).
- Frutas deshidratadas, como pasas, ciruelas, higos, orejones de albaricoque...
- Quesitos en porciones y crackers.
- Un tetrabrick pequeño de zumo, previamente congelado. Pesa lo mismo que sin congelar, se irá descongelando por el camino, y cuando lleves varias horas de caminata un trago de zumo fresco te va a saber a gloria.

Pero lo que más va a necesitar tu cuerpo es agua, o en su defecto una bebida isotónica para deportistas si prevés que el ejercicio va a ser exigente. El agua es imprescindible para mantenerte hidratado. Las típicas cantimploras la mantendrán razonablemente fresca durante buena parte del día, se cuelgan del cinturón o de la mochila y no son caras. Si no tienes cantimplora, y tampoco haces excursiones tan a menudo como para invertir en una, mete en la mochila un par de botellitas de agua de medio litro, una de ellas congelada.

De vacaciones

Por último, cambiemos de registro y situémonos en la casa o apartamento de vacaciones, ya sea en la playa o en la montaña, para una semana o para un mes entero (eso los más afortunados).

Una vez más hay que cambiar el chip y alterar nuestras costumbres, porque, aunque el apartamento disponga de nevera convencional y hasta de vitrocerámica, no es justo obligar a la persona que cocina diariamente, en general la sufrida ama de casa, a seguir preparando la comida de toda la familia como si tal cosa. ¡Ella también se merece unas vacaciones! Por lo tanto, nada de cenas engorrosas: una bandeja de embutidos y quesos, una ensalada completa, un yogur, y a vivir.

Como de costumbre, nuestra principal aliada será una buena planificación. He aquí unos cuantos aspectos a tener en cuenta:

• Planifica el menú para varios días; esto, que siempre es útil, lo será aún más si tienes que desplazarte en coche para hacer la compra, o si prefieres hacerla en un sitio alejado de las carísimas tiendas de comestibles del pueblo turístico.

- Pero, al mismo tiempo, no te pases comprando. Las vacaciones son, por definición y por desgracia, muy breves, y duele tirar comida o repartirla entre los vecinos.

- Elige recetas de preparación sencilla, no sólo para ahorrar tiempo, sino porque probablemente en tu destino de vacaciones no dispongas de un rallador para cítricos, varillas para montar claras a punto de nieve, licuadora ni robot de cocina.

- Procura dejar la mayor parte de las cosas preparadas con antelación, ¡tú también tienes derecho a disfrutar del día!

- Las temperaturas altas invitan a tomar cremas frías, ensaladas y carnes a la plancha. En cambio, imagínate precalentando el horno con cuarenta grados a la sombra... Olvídate de los asados estos días.

- Y ya que hablamos de las temperaturas altas, extrema las precauciones con la comida: no la dejes demasiado tiempo en la encimera, guarda los restos en la nevera antes de echarte la siesta.

Y unas últimas cosas...

- Tú cocinas, por lo tanto no friegas.
- Tú cocinas, por lo tanto no pones ni quitas la mesa.
- Y a veces, ni siquiera cocinas: para algo se inventaron los restaurantes, los pollos asados por encargo y la pizza a domicilio. ¡Un día es un día!

Los últimos toques

Ya tienes en la mano todos los conocimientos básicos para preparar almuerzos variados, nutritivos y seguros. Antes de pasar a las recetas, presta atención a un puñadito de trucos, muchos de los cuales ya hemos mencionado, que te facilitarán en gran manera la vida.

• Echa un vistazo a tu alrededor: encontrarás recipientes variados para las necesidades de tu almuerzo.

• Utiliza a menudo frutos secos y frutas deshidratadas, ya sea en ensaladas y en platos como en tentempiés. Son un aporte nutricional de primera.

• Regla muy importante: los alimentos fríos tienen que mantenerse fríos, y los calientes, calientes. Cuando cualquiera de los dos tipos de comida llega a la zona tibia se convierte en campo de batalla para las bacterias.

• Programa menús semanales de almuerzos y cenas, planifica las sobras y procura dejar la mayor parte preparada con antelación.

• Usa y abusa del congelador. Siempre que sea posible lleva en la bolsa de transporte algún alimento congelado que ayude a mantener frescos los demás (pero asegúrate de que tendrá tiempo de descongelarse para la hora de comer).

• Cuando caigas en la tentación de hacer parada y fonda en un restaurante de comida rápida, véngate haciendo acopio de sobrecitos de condimentos. Te servirán para futuros almuerzos, es de esperar que más saludables.

Y por último... mete las llaves del coche dentro de la bolsa de transporte. Así seguro que no te la olvidas en casa.

RECETAS

Para llevar... al trabajo

Puede que ya haya quien, en tu lugar de trabajo, ha adoptado la sana costumbre de llevarse el almuerzo de casa en vez de gastar dinero y malcomer en el bar de la esquina, o peor, en la hamburguesería. En ese caso tienes terreno ganado. O también puede que te toque interpretar el papel de pionero. No te cortes: cuando vean tus fiambreras y las comparen con su grasiento menú del día no tardarán en imitarte.

Sea cual sea la situación, busca un lugar cómodo y agradable, a ser posible lejos del teclado del ordenador, por si hay accidentes. Si hace buen tiempo, tómate diez minutos después del almuerzo para dar un paseo a ritmo vivo: el ejercicio y el aire fresco te ayudarán a sentirte más ligero, quitarte el tradicional sopor de después de comer y de paso te servirán para cargar pilas. En caso de que haya instalaciones adecuadas, lava las fiambreras o el termo, o al menos pásalos por un poco de agua para que los recipientes sucios no manchen la bolsa de transporte, y guárdalos en bolsas de plástico. Eso no te libra de lavarlos a fondo en casa por la noche, pero te facilita la tarea.

Y si sois varios en la oficina, ¿por qué no ponéis en común vuestro talento? Busca cuatro compañeros, asegúrate de que tenéis más o menos los mismos gustos, y repartíos la tarea: llevad cada día uno el almuerzo para todos. ¿Te imaginas tener que prepararlo sólo una vez a la semana? También podéis organizar almuerzos colectivos una vez al mes: llevad cada uno vuestro plato favorito y ponedlos en común a la hora de comer. Mejor que sea un viernes, porque luego no os van a quedar muchas ganas de trabajar.

Aquí van un puñado de recetas con ideas de almuerzos que te puedes llevar al trabajo. Obviamente nos hemos saltado las evidentes, seguro que no necesitas la receta de la lasaña o de las albóndigas con salsa... Cualquier receta de tus favoritas puede funcionar, sólo hace falta que consideres en qué condiciones va a llegar a la hora del almuerzo y qué capacidad vas a tener para conservarla caliente (o fría, si se tercia). Y ten en cuenta que los diferentes apartados de recetas de este libro no son para nada compartimientos estancos: utiliza para tus almuerzos ideas sacadas de cualquiera de las otras secciones. Lo único importante es que te apetezcan.

GARBANZOS CON JUDÍAS VERDES

1 ración

100 g de garbanzos cocidos
100 g de judías verdes cocidas
1 loncha de jamón serrano
1 puñadito de frutos secos
1 cebolleta pequeña
2 cucharadas de aceite
$^1/_2$ cucharada de vinagre
   o zumo de limón
Sal

4 raciones

400 g de garbanzos cocidos
400 g de judías verdes cocidas
4 lonchas de jamón serrano
100 g de frutos secos
2 cebolletas
$^1/_2$ vasito de aceite
2 cucharadas de vinagre
   o zumo de limón
Sal

Pica muy menuda la cebolleta y ponla en una fiambrera junto con los garbanzos, las judías verdes y los frutos secos (nueces, avellanas, almendras..., lo que tengas a mano). Corta el jamón en tiritas y añádelo también. Prepara un aliño con el aceite, el vinagre o el zumo de limón y la sal, e incorpóralo bien emulsionado justo antes de consumir.

necesita refrigeración
necesita microondas / termo
se puede congelar
✓ se puede preparar con antelación
✓ requiere fiambrera y frasco para el aliño

ROLLOS
DE JAMÓN SERRANO Y BERROS

1 ración

3 lonchas finas
  de jamón curado
1 puñado de berros
1 trozo de queso parmesano
1 cucharada de aceite
  de oliva
1 cucharada de caldo
  de carne
1/2 cucharada de vinagre
  balsámico
Sal

4 raciones

12 lonchas finas
  de jamón curado
1 cajita de berros
1 trozo de queso parmesano
4 cucharadas de aceite
  de oliva
4 cucharadas de caldo
  de carne
2 cucharadas de vinagre
  balsámico
Sal

Mezcla el aceite con el caldo, el vinagre y sal (poquita, el jamón ya tiene la suya) y guarda este aliño en un recipiente hermético. Aparte, extiende las lonchas de jamón sobre la tabla y pon encima de cada una un montoncito de berros. Con un pelapatatas, saca escamas del trozo de parmesano y repártelas sobre los berros. Enrolla el jamón y apriétalo un poco para que mantenga la forma, o bien asegura los rollitos con palillos. Disponlos en una fiambrera, mejor que no queden holgados.

Se puede preparar la noche anterior; en este caso, conviene refrigerar todos los ingredientes. Los rollitos se comen «a dedo», mojándolos en el aliño que habrá que agitar bien justo antes de abrir el recipiente. No necesitan especial refrigeración.

- ✓ necesita refrigeración
- necesita microondas / termo
- se puede congelar
- ✓ se puede preparar con antelación
- ✓ requiere fiambrera y frasco para el aliño

SALMÓN AHUMADO
Y ESPÁRRAGOS AL ENELDO

1 ración

2 cucharadas soperas
   de nata líquida
1/2 cucharadita de vinagre suave
1 cucharadita de zumo
   de limón
1/2 cucharada de eneldo fresco
   (1 cucharadita escasa si es seco)
2 lonchas de salmón ahumado
4 espárragos verdes de lata
Sal y pimienta negra

4 raciones

1/2 vasito de nata líquida
1 cucharada de vinagre suave
1 cucharada de zumo de limón
2 cucharadas de eneldo fresco
   (1 cucharada escasa si es
   seco)
8 lonchas de salmón ahumado
16 espárragos verdes de lata
Sal y pimienta negra

Corta las lonchas de salmón por la mitad y envuelve con ellas los espárragos verdes. Disponlos en una fiambrera de modo que no queden holgados y refrigera.

Aparte, mezcla la nata con el vinagre, el zumo de limón, el eneldo, sal y pimienta, remueve con un tenedor y deja reposar. La mezcla se espesará enseguida. Transfiérela a un recipiente pequeñito y refrigera.

Se come «a dedo» (siempre y cuando haya abundante suministro de servilletas de papel), mojando los rollos de espárragos y salmón en la crema espesada.

Una variante: prueba a envolver los espárragos en lonchas muy finas de jamón curado; en este caso lo ideal sería mojarlos en una mostaza suave (¿has probado la mostaza a la miel?)

Puedes dejarlo todo preparado la noche anterior; en ese caso casi conviene prescindir del vinagre en la crema, porque con el reposo el zumo de limón se bastará y sobrará para espesarla. Es mejor mantenerlo todo fresco, pero al llevar ingredientes ácidos no hay riesgo de que la nata se estropee a menos que haga bastante calor.

En caso de que te decantes por la variante de jamón y mostaza, recuerda que el tarro de mostaza se puede conservar abierto en la nevera por tiempo indefinido, sólo debes tener cuidado de sacarla siempre con una cucharilla limpia.

- ✓ necesita refrigeración
- necesita microondas / termo
- se puede congelar
- ✓ se puede preparar con antelación
- ✓ requiere fiambrera y frasco para el aliño

TOMATES RELLENOS

1 ración

1/2 taza de arroz de grano
largo cocido
1 tomate mediano
1 latita pequeña de migas de
atún en aceite
1/2 cucharada de aceite de oliva
1/2 cucharadita de zumo de
limón
Sal y pimienta negra
Aceitunas negras picadas
(opcional)
Albahaca o cilantro picados
(opcional)

4 raciones

2 tazas de arroz de grano
largo cocido
4 tomates medianos
2 latas medianas de migas
de atún en aceite
2 cucharadas de aceite de oliva
1 cucharada de zumo de
limón
Sal y pimienta negra
Aceitunas negras picadas
(opcional)
Albahaca o cilantro picados
(opcional)

Corta la parte de arriba del tomate o tomates y vacía la pulpa con una cucharilla. Espolvoréalos por dentro con sal y ponlos boca abajo sobre una rejilla para que suelten el líquido. Obviamente, conviene poner debajo de la rejilla un plato para recoger el susodicho líquido, o en su defecto disponer de un paño para limpiar luego. Se dejan así media hora como mínimo.

Escurre el atún (si el aceite de la conserva es de oliva utilízalo para esta receta) y mézclalo con el arroz y las aceitunas, en su caso. Aliña con el aceite y el zumo de limón, adereza con las hierbas si las tienes a mano, y rellena los tomates. Envuélvelos en plástico de cocina y colócalos en una fiambrera.

Se pueden preparar la noche anterior, y por supuesto aprovechar restos de arroz cocido (pero mejor que sea de grano largo y hervido el tiempo justo de manera que quede un poco firme).

Esta receta tradicionalmente se prepara con mahonesa, en vez de con el aliño de aceite y zumo de limón; con esta versión queda más ligera y no hay riesgo de que la mahonesa se estropee. Pero recuerda que el arroz cocido se tiene que conservar refrigerado, o como mínimo fresco.

✓ necesita refrigeración
  necesita microondas / termo
  se puede congelar
✓ se puede preparar con antelación
✓ requiere plástico de cocina + fiambrera

QUESO DE CABRA CON AJO
Y PIMIENTA VERDE

1 ración

1 quesito de cabra de ración
1 cucharada de queso crema
   (del de untar)
1 cucharadita de granos de
   pimienta verde escurridos
$1/2$ ajo pequeño
$1/2$ cucharada de perejil
   picado
Sal

4 raciones

4 quesitos de cabra de ración,
   o bien cuatro rodajas
   gruesas de queso de cabra
100 g de queso crema
   (del de untar)
1 cucharada sopera de granos
   de pimienta verde escurridos
2 dientes de ajo
2 cucharadas de perejil picado
Sal

Quítale la corteza al quesito de cabra, que deberá estar a temperatura ambiente, y ponlo en el vaso de la batidora junto con el queso crema y la pimienta verde. Aparte, machaca el ajo en el mortero con un poquito de sal (la justa para que el ajo no resbale demasiado mientras lo torturas) e incorpóralo al vaso de la batidora. Tritúralo todo bien y añade el perejil.

Una variante: elimina de la receta la pimienta y el ajo, y añade en su lugar nueces picaditas o trocitos de anchoa en la cantidad que te apetezca. No los tritures, incorpóralos a la mezcla de quesos con un tenedor.

Esta pasta es excelente para preparar sándwiches (dos sándwiches por ración), pero también se puede presentar directamente en la fiambrera y tomar con galletas tipo cracker o bastoncitos de pan. Se conserva perfectamente una semana en la nevera. Al transportarla hay que conservarla en la nevera, o como mínimo en un lugar bien fresco.

✓ necesita refrigeración
   necesita microondas / termo
   se puede congelar
✓ se puede preparar con antelación
✓ requiere fiambrera

ENSALADA DE GARBANZOS
CON VINAGRETA DE NARANJA

1 ración

100 g de garbanzos cocidos
Un trozo de pepino, o bien un
  pepinillo en vinagre
Perejil picado

Para la vinagreta:
1 cucharada de zumo
  de naranja
1 cucharada de vinagre
3 cucharadas de aceite de oliva
Ajo en polvo
Jengibre en polvo
Pimienta negra

4 raciones

400 g de garbanzos cocidos
1 pepino pequeño
Perejil picado

Para la vinagreta:
4 cucharadas de zumo
  de naranja
4 cucharadas de vinagre
$1/2$ vasito de aceite de oliva
Ajo en polvo
Jengibre en polvo
Pimienta negra

Mezcla bien todos los ingredientes de la vinagreta y bátelos con energía para emulsionarlos. Aparte, mezcla los garbanzos con el pepinillo o el pepino pelado, sin semillas y picado (si por casualidad tienes unos aros de cebolla roja a mano, adentro con ellos, le van fenomenal). Incorpora el aliño, remueve bien y transfiere a una fiambrera.

Una receta ideal para aprovechar los garbanzos del cocido, o los de un frasco que tengas abierto en la nevera. Sólo acuérdate de enjuagarlos bien bajo el chorro de agua fría. Si en lugar de jengibre en polvo tienes un poco de jengibre fresco, ya sea en el cajón de la fruta o en el congelador, utilízalo, el sabor es incomparable. Además, esta deliciosa ensalada no precisa especiales «medidas de seguridad», pero es mucho más apetitosa si se toma bien fría.

necesita refrigeración
necesita microondas / termo
se puede congelar
✓ se puede preparar con antelación
✓ requiere fiambrera

BOCADILLO DE POLLO Y PIMIENTO

1 ración

75 g de restos de pollo asado
1 cebolleta pequeña
1 cucharada rasa
    de mahonesa
$^1/_2$ cucharada de salsa
    de pimientos
Pimienta negra
Cilantro fresco picado
    (opcional)
2 rebanadas de pan

4 raciones

300 g de restos de pollo asado
4 cebolletas pequeñas
    o 2 medianas
4 cucharadas rasas
    de mahonesa
2 cucharadas de salsa
    de pimientos
Pimienta negra
Cilantro fresco picado
    (opcional)
8 rebanadas de pan

Trocea bien el pollo o deshébralo, mézclalo con la salsa de pimientos, la mahonesa, la cebolleta picada, pimienta negra al gusto y, si tienes a mano, un poco de cilantro picado. Si tienes en la nevera un tallo de apio tierno, quítale las hebras e incorpóralo picado muy menudo, le da un toque delicioso.

Se puede preparar la noche anterior, aunque si el pan no es bastante consistente puede reblandecerse demasiado (en ese caso elige otro pan, o prepara el bocadillo por la mañana, al fin y al cabo es un minuto). El pollo cocinado no es tan delicado como el crudo en cuestión de gérmenes, pero aun así le conviene estar en un lugar bien fresco, mejor aún refrigerado. Si no vas a contar con nevera, es mejor que lleves la mahonesa aparte, en sobrecito individual, y la añadas en el último momento.

✓ necesita refrigeración
  necesita microondas / termo
✓ se puede congelar (sin la mahonesa)
✓ se puede preparar con antelación
✓ requiere plástico de cocina o bolsa para bocadillo

MELÓN CON SALMÓN

1 ración

1 rodaja de melón
2 cucharadas de zumo de
  limón
2 lonchas finas de salmón
  ahumado

4 raciones

4 rodajas de melón
El zumo de medio
  limón
8 lonchas finas de salmón
  ahumado

Quita la corteza al melón, elimina las semillas y córtalo en seis trozos. Pasa todas las caras de cada trozo por un platito donde habrás puesto el zumo de limón.

Aparte, corta en tres tiras cada loncha de salmón ahumado y envuelve con ellas los trozos de melón. Fíjalas con un palillo y pon en una fiambrera en la que no queden muy holgadas.

Puedes dejarlo preparado la noche anterior. Aunque el riesgo de que el melón se estropee es escaso, conviene refrigerar bien hasta el momento de consumir, sobre todo porque debe de haber pocas cosas menos atractivas en este mundo que el melón tibio.

No hay que haber estudiado carrera para ver que esta deliciosa receta es una adaptación del típico melón con jamón, así que la variante inmediata es utilizar jamón curado en vez de salmón. Pero también le puedes dar la vuelta y utilizar trozos de piña en conserva al natural con el salmón... o con el jamón. En el caso de la piña, que ya trae sus propios conservantes recién salidos de la lata, te puedes ahorrar el paso del zumo de limón.

✓ necesita refrigeración
   necesita microondas / termo
   se puede congelar
✓ se puede preparar con antelación
✓ requiere fiambrera

ENSALADA DE POLLO
CON FRUTOS SECOS

1 ración

100 g de pollo cocido o asado
4 hojas de lechuga
2 cucharadas de frutos secos
   (piñones, pasas, orejones de
   albaricoque, nueces,
   avellanas... o cualquier
   combinación)
Aceite, zumo de limón y sal

4 raciones

400 g de pollo cocido o asado
1 lechuga pequeña o 1 cogollo
100 g de frutos secos
   (piñones, pasas, orejones de
   albaricoque, nueces,
   avellanas... o cualquier
   combinación)
Aceite, zumo de limón y sal

Lava bien las hojas de lechuga, sécalas con papel de cocina y disponlas en el fondo de una fiambrera. Pon encima el pollo deshebrado o cortado en trocitos, y echa por encima los frutos secos, que quedarán mucho más sabrosos y aromáticos si antes los salteas en una sartén sin nada de aceite (pero déjalos enfriar en la misma sartén antes de incorporarlos a la fiambrera).

Diluye un pellizco de sal en zumo de limón e incorpora el aceite. Guarda este aliño en un frasquito que cierre bien; deberás agitarlo antes de incorporar a la ensalada.

Esta receta es perfecta para aprovechar restos de comida: los trocitos de pollo asado que quedan adheridos a la carcasa, un filete empanado que sobró de la cena...

Por supuesto, también puede utilizarse pavo, y cualquier tipo de lechuga que tengas a mano, o en su lugar berros o espinacas tiernas.

✓ necesita refrigeración
  necesita microondas / termo
  se puede congelar
✓ se puede preparar con antelación
✓ requiere fiambrera y frasco para el aliño

ENSALADA DE HABAS TIERNAS
CON QUESO

1 ración

100 g de habitas tiernas
50 g de queso en dados
2 cucharadas de aceite
2 cucharadas de nata líquida
1 cucharada de vinagre
1/2 cucharadita de zumo
  de limón
Hojas de lechuga
Sal

4 raciones

400 g de habitas tiernas
200 g de queso en dados
1/2 vasito de aceite
1/2 vasito de nata líquida
4 cucharadas de vinagre
2 cucharaditas de zumo
  de limón
Hojas de lechuga
Sal

Cuece las habitas en abundante agua con sal (en caso de que sean frescas o congeladas, si son en conserva limítate a aclararlas). Cuando estén hechas ponlas bajo el chorro de agua fría para cortar la cocción.

Mientras, coloca en la fiambrera unas cuantas hojas de lechuga, del tipo que quieras o tengas a mano, troceadas. Añade las habas ya frías y el queso.

Mezcla en un frasquito el aceite, la nata líquida, el vinagre y el zumo de limón junto con un pellizco de sal. Este conjunto será el aliño de la ensalada, y tendrás que agitarlo bien para que se emulsione antes de incorporarlo.

La conservación de esta ensalada no presenta complicaciones, basta con que guardes tanto la fiambrera como el aliño en un lugar fresco. Si es en la nevera, tanto mejor, pero deja atemperar un rato antes de consumir.

- ✓ necesita refrigeración
- necesita microondas / termo
- se puede congelar
- ✓ se puede preparar con antelación
- ✓ requiere fiambrera y frasco para el aliño

ROLLITOS DE POLLO
CON ALCACHOFAS

1 ración	*4 raciones*
2 filetitos de pechuga	8 filetitos de pechuga
1 loncha de jamón	4 lonchas de jamón
1 alcachofa en conserva	4 alcachofas en conserva
1 diente de ajo pequeño	2 dientes de ajo
Harina	Harina
Vino blanco	Vino blanco
Aceite	Aceite
Sal y pimienta	Sal y pimienta

Si los filetitos de pollo no son muy finos, ponlos entre dos hojas de plástico de cocina y trabájalos con el mazo o con un rodillo. Parte en dos a lo largo las lonchas de jamón (mejor curado, pero si el que tienes a mano es el de York, adelante). Coloca sobre el jamón media alcachofa en conserva, forma rollitos y fíjalos con un palillo o con hilo de cocina. Pásalos por harina y resérvalos.

Calienta un poco de aceite en una sartén y fríe el ajo muy picado. Antes de que empiece a coger color, pon los rollitos en la sartén y dóralos por todos lados. Riega con un poco de vino blanco, si lo prefieres mezclado con el líquido de conservación de las alcachofas (o si lo prefieres sólo el líquido de conservación y prescinde del vino), baja el fuego y deja hacer hasta que la salsa se reduzca y el pollo esté bien hecho.

Estos rollitos se pueden tomar fríos o calientes.

✓ necesita refrigeración + microondas
   (o como alternativa necesita termo)
✓ se puede congelar
✓ se puede preparar con antelación
✓ requiere fiambrera

PERAS CON CREMA DE CABRALES

1 ración

1 pera de carne firme
50 g de cabrales
1 cucharadita de nata líquida
1 cucharada de zumo de limón
Unas gotitas de coñac
    (opcional)
Sal y pimienta

4 raciones

4 peras de carne firme
200 g de cabrales
1 cucharada de nata líquida
El zumo de medio limón
1 cucharadita de coñac
    (opcional)
Sal y pimienta

Deja el queso a temperatura ambiente para que esté blando y luego trabájalo con un tenedor junto con la nata, sal, pimienta y el coñac, si decides utilizarlo. Lava bien la pera o peras sin pelar, córtalas en cuartos, quita el corazón y luego corta cada cuarto en dos a lo largo. Pasa los trozos de pera por el zumo de limón y unta la mitad inferior con la crema de cabrales. Disponlos en una fiambrera y refrigera hasta el momento de consumir.

En vez de coñac puedes utilizar vino tinto, o mejor aún un Oporto, que le dará un toque exquisito. Y si hay niños, nada de alcohol, prueba con algún zumo de frutas. Por cierto, a falta de cabrales bueno es el roquefort, el gorgonzola y el resto de la familia de los quesos azules.

✓ necesita refrigeración

    necesita microondas / termo

    se puede congelar

✓ se puede preparar con antelación

✓ requiere fiambrera

BROCHETAS DE TOMATE, QUESO Y ANCHOAS

1 ración

4 tomatitos cereza
4 anchoas
4 taquitos de mozzarella
(u otro queso)
2 aceitunas deshuesadas
Aceite de oliva
Albahaca picada (opcional)

4 raciones

16 tomatitos cereza
(aproximadamente medio envase)
16 anchoas (aproximadamente dos latas)
16 taquitos de mozzarella
(u otro queso)
8 aceitunas deshuesadas
(una latita)
Aceite de oliva
Albahaca picada (opcional)

Ningún misterio en esta receta: ensarta en cada brocheta un tomatito, un taquito de queso, una anchoa doblada sobre sí misma, y luego repite la operación. Remata con una aceituna deshuesada, que si es rellena de pimientos ya da gloria. Pon las minibrochetas en una fiambrera pequeña, riega con un poquito de aceite de oliva y, si tienes a mano, espolvorea con un poquito de albahaca (también vale el orégano o el tomillo en su lugar).

Ésta es una de esas pocas recetas que se pueden llevar aliñadas ya desde casa. Requiere refrigeración (por el asunto del queso, claro), pero acuérdate de sacar las brochetas de la nevera un rato antes de consumir. Ah, y si el clima es fresco lo de la nevera no es estrictamente imprescindible. Sólo un detalle: la mozzarella y los quesos frescos en general, cuando están cortados, suelen soltar un poco de suero al paso de las horas. No tiene nada de malo, pero es poco apetitoso, así que tal vez te apetezca quitarlo de la fiambrera antes de dar buena cuenta de tus brochetas.

✓ necesita refrigeración
  necesita microondas / termo
  se puede congelar
✓ se puede preparar con antelación
✓ requiere fiambrera

ENSALADA DE POLLO
CON GARBANZOS Y SEMILLAS

1 ración

100 g de garbanzos
  en conserva
75 g de restos de pollo
  asado o cocido
1 cucharada de semillas
1 cebolleta pequeña
2 tomatitos cereza,
  o bien 1 rodaja de tomate
1 cucharada de aceite
1 cucharadita de vinagre
Sal y pimienta

4 raciones

1 frasco de garbanzos
  en conserva
300 g de restos de pollo
  asado o cocido
4 cucharada de semillas
2 cebolletas
1 tomate
4 cucharadas de aceite
1 cucharada de vinagre
Sal y pimienta

Si no te gusta el sabor de la cebolla cruda, rehógala en un poquito de aceite hasta que esté tierna. De lo contrario, pícala y mézclala con los garbanzos bien escurridos y lavados del líquido de conservación, el pollo picado, el tomate también picado y las semillas. Aliña con una vinagreta hecha con el aceite, el vinagre, la sal y la pimienta.

Ni que decir tiene que si en vez de garbanzos en conserva los que tienes son los que han sobrado de un cocido, miel sobre hojuelas (no, no son dos ingredientes adicionales).

Las semillas (lino, sésamo, girasol, calabaza...) son un complemento excelente para cualquier ensalada desde el punto de vista nutricional, pero también porque les dan una textura crujiente deliciosa. Lo malo es que algunas, como el lino o el sésamo, no aportan ningún nutriente a menos que hayan pasado previamente por el mortero. Tú sabrás qué grado de molestias estás dispuesto a tomarte por tu salud. Una pista: se compran en herboristerías y tiendas similares, y una vez abierto el paquete debe conservarse obligatoriamente bien cerrado, a oscuras y, a ser posible, hasta en la nevera.

      necesita refrigeración
      necesita microondas / termo
      se puede congelar
✓ se puede preparar con antelación
✓ requiere fiambrera

ENSALADA DE LENTEJAS
CON JAMÓN DE PATO

1 ración

100 g de lentejas en
   conserva
4 lonchitas de jamón de pato
1/2 cebolleta pequeña
1 rodaja de tomate,
   o bien 2 tomates cereza
1 cucharada de aceite
1 cucharadita de vinagre
   o zumo de limón

4 raciones

1 frasco de lentejas en
   conserva
1 sobre de 50 g de lonchitas
   de jamón de pato
1 cebolleta
1 tomate
3 cucharadas de aceite
1 cucharada de vinagre
   o zumo de limón

Sencillísima esta receta: corta en tiritas el jamón de pato, pica el tomate después de quitarle las semillas, pica también menuda la cebolleta, mézclalo todo y aliña con el aceite y el vinagre o el zumo de limón. Dado que tanto el jamón de pato como las lentejas ya tienen su sal, teóricamente no hará falta que añadas, pero prueba la ensalada y rectifica a tu gusto.

El jamón de pato es una de las delicias de esta vida. A pesar de que su nombre parece señalar hacia la pata, son pechugas de pato curadas, con su grasita incluida, seguro que muy insalubre, pero deliciosa. Y por la cantidad que va en esta receta las arterias no nos van a protestar. Si no te apetece hacer la prueba, utiliza en su lugar jamón curado, pero que conste que tú te lo pierdes.

    necesita refrigeración
    necesita microondas / termo
    se puede congelar
✓ se puede preparar con antelación
✓ requiere fiambrera

LIMÓN RELLENO DE SARDINA

1 ración

1 limón grande
2 sardinas en aceite
2 cucharadas de nata líquida
Sal y pimienta
Aceitunas negras (opcional)

4 raciones

4 limones grandes
8 sardinas en aceite (2 latas)
$1/2$ vaso de nata líquida
Sal y pimienta
Aceitunas negras (opcional)

Corta una «tapa» en el limón, como a un par de dedos de la parte superior, y corta también una rebanadita de la parte inferior para que se pueda tener en pie. Con una cucharilla, vacía la pulpa de limón, procurando recoger todo el jugo. Pica en trocitos la mitad de la pulpa (el resto guárdalo para otro uso) y mézclala con las sardinas previamente machacadas con un tenedor, la nata, el zumo, sal y pimienta. Si lo prefieres, agrega también aceitunas negras muy picaditas.

Rellena el limón con la mezcla preparada, vuelve a ponerle la tapa en su sitio y asegúrala con un palillo (o con cinta adhesiva, si quieres; total, la cáscara no te la vas a comer...) Envuelve en plástico de cocina, guarda en una fiambrera y refrigera hasta el momento de servir.

Ándate con tiento al añadir la sal, las sardinas en conserva ya llevan suficiente. Hablando de las sardinas, la espina central de éstas es comestible, y además una excelente fuente de calcio.

- ✓ necesita refrigeración
- necesita microondas / termo
- se puede congelar
- ✓ se puede preparar con antelación
- ✓ requiere plástico de cocina + fiambrera

BOCADILLO DE BACALAO AHUMADO

1 ración

1 barrita de pan
2-3 lonchas de bacalao
    ahumado
2 tomatitos cereza
    o 1 rodaja de tomate
Surimi picado (opcional)
Queso crema

4 raciones

4 barritas de pan
200 g de bacalao ahumado
    en lonchas
1 tomate
Surimi picado (opcional)
Queso crema

Corta la barrita de pan a lo largo y unta las dos caras interiores con queso crema. Recorta las lonchas de salmón ahumado y disponlas encima. Pon sobre ellas los tomates en rodajitas muy finas y, si es de tu agrado, el surimi picado.

El surimi es el sucedáneo de cangrejo, lo que a veces denominamos «palitos de mar». Lejos quedan los tiempos en que sólo se encontraba congelado, ahora lo hay también fresco (mucho más jugoso, dónde va a parar), y no sólo en forma de barritas: también lo hay en láminas, picado o hasta en forma de cola de langosta, por si tienes invitados muy pero que muy inocentes. Evidentemente, si lo que tienes son barritas, las puedes utilizar para este bocadillo... previamente picadas.

necesita refrigeración

necesita microondas / termo

se puede congelar

✓ se puede preparar con antelación

✓ requiere plástico de cocina o bolsa para bocadillo

CREMA DE AGUACATE

1 ración

1 aguacate pequeño
$^1/_2$ vaso de caldo de ave
1 cucharada de nata líquida
1 cucharada de zumo de limón
Sal y pimienta negra

4 raciones

2 aguacates
2 vasos de caldo de ave
$^1/_2$ vasito de nata líquida
El zumo de un limón
Sal y pimienta negra

Corta el aguacate en dos a lo largo, quita la semilla y, con una cuchara, pasa la pulpa al vaso de la batidora. Añade el zumo de limón (impedirá que se ponga negro), el caldo, la nata, sal y pimienta al gusto, y tritura bien.

La única manera en que no se puede consumir esta crema es a temperatura ambiente. En cambio, está deliciosa caliente y también muy fría. A la hora de calentar la crema procura que no hierva en ningún momento, ya que el aguacate tendría un sabor amargo. Evidentemente, en caso de que la vayas a tomar fría tendrás que conservarla en la nevera o en el termo helado.

✓ necesita refrigeración (para consumir fría)
✓ necesita termo o refrigeración +
    microondas (para consumir caliente)
  se puede congelar
✓ se puede preparar con antelación
✓ requiere fiambrera o termo

«TRIPLE»

1 ración

2 bastoncitos de pan
2 espárragos verdes de lata
2 lonchas finas de jamón
    curado
1 loncha de queso curado

4 raciones

8 bastoncitos de pan
8 espárragos verdes de lata
8 lonchas finas de jamón
    curado
4 lonchas de queso curado

Corta la loncha de queso en seis tiras a lo largo y móntalas de tres en tres para que tenga cierto grosor. Pon cada trío sobre una loncha de jamón, y a ambos lados un bastón de pan y un espárrago verde. Cierra la loncha de jamón enrollándola un poquito, y si la aprietas bien (sin pasarte, tampoco es cosa de hacer migas el pan) no necesitarás poner palillos. Envuelve los triples en plástico de cocina o en una fiambrera alargada en la que no queden muy holgados, y consérvalos en un lugar fresco.

Si en vez de lonchas de queso tienes una cuña, aprovecha y corta tiras gruesas de más o menos la longitud de los bastones de pan.

necesita refrigeración
necesita microondas / termo
se puede congelar
✓ se puede preparar con antelación
✓ requiere fiambrera

«BURRITOS» DE *CARPACCIO*

1 ración

100 g de *carpaccio* de ternera
1 cucharadita de piñones
1 cucharadita de queso
  parmesano rallado
1 cucharadita de zumo
  de limón (opcional)
2 tortillas mexicanas de trigo
2 hojas de lechuga
Aceite, sal y pimienta

4 raciones

400 g de *carpaccio* de ternera
1 cucharada colmada
  de piñones
1 cucharada de queso
  parmesano rallado
1 cucharada de zumo de limón
  (opcional)
8 tortillas mexicanas de trigo
8 hojas de lechuga
Aceite, sal y pimienta

Pon las tortillas en una superficie plana y píntalas ligeramente con el aceite de oliva. Coloca por encima el *carpaccio* y salpica si quieres con el zumo de limón. Salpimenta, espolvorea con el queso y los piñones, cubre con las hojas de lechuga bien lavadas y secas (esto es vital si no quieres que los burritos lleguen hechos una sopa) y enrolla apretando bien. Envuélvelos de uno en uno en plástico de cocina y refrigera hasta el momento de consumir.

Las tortillas mexicanas más tradicionales son las de maíz, pero no dan muy buen resultado frías, así que para esta receta son preferibles las de trigo. Guarda las que te sobren en la nevera bien envueltas, aguantarán un par de días.

Últimamente ya se hace *carpaccio* de todo, pero el original y más tradicional consiste en lonchas finísimas de solomillo de ternera o buey. En muchas grandes superficies lo comercializan ya cortado, aunque también lo puedes hacer en casa: sólo tienes que congelar un buen rato la carne para sacar lonchas finas. Si tienes un cortafiambres, es el momento de desempolvarlo.

✓ necesita refrigeración
   necesita microondas / termo
   se puede congelar
   se puede preparar con antelación
✓ requiere plástico de cocina + fiambrera

LANGOSTINOS AL LIMÓN

1 ración

6 langostinos grandes cocidos
2 cucharadas de aceite
    de oliva virgen extra
1 cucharada de zumo de limón
1 cucharadita de vinagre suave
1 hoja de laurel troceada
Perejil picado
Sal y pimienta

4 raciones

24 langostinos grandes cocidos
$1/2$ vasito de aceite de oliva
    virgen extra
El zumo de un limón
1 cucharada de vinagre suave
1 hoja de laurel troceada
Perejil picado
Sal y pimienta

Prepara una salsita con el aceite, el vinagre, el zumo de limón, el laurel, sal y pimienta, y bate bien para emulsionarla. Dispón los langostinos en una fiambrera y riégalos con el aliño. Refrigera como mínimo dos horas para que los bichos se impregnen del delicioso líquido de maceración, pero deja atemperar diez minutos antes de consumir.

Evidentemente, donde dice langostinos léase gambas o cigalas. Se pueden comprar ya cocidos, en algunas grandes superficies incluso te ofrecen la posibilidad de cocer el marisco mientras haces el resto de la compra. El laurel, cuidadito, pártelo en trozos grandes que se puedan retirar: es una hoja tan dura que puede hacerte daño en la garganta o en el esófago.

✓ necesita refrigeración
necesita microondas / termo
se puede congelar
✓ se puede preparar con antelación
✓ requiere fiambrera

«BURRITOS» DE MAR

1 ración

150 g de restos de marisco
   y pescado cocido o de lata
1 huevo duro
2 tortillas mexicanas de trigo
2 hojas de lechuga
2 cucharadas de aceite
$1/2$ cucharada de zumo
   de limón
Más aceite, sal y pimienta

4 raciones

600 g de restos de marisco
   y pescado cocido o de lata
4 huevos duros
8 tortillas mexicanas de trigo
8 hojas de lechuga
$1/2$ vaso de aceite
2 cucharadas de zumo
   de limón
Más aceite, sal y pimienta

Trocea los mariscos y pescados de manera que queden de un tamaño más o menos regular. Pica también el huevo duro y mezcla con los pescados. Aparte, prepara un aliño con el aceite, el zumo de limón, sal y pimienta, y bate bien para emulsionar. Riega los pescados con el aliño y deja macerar una hora, o bien toda la noche en la nevera.

Extiende las tortillas de trigo, píntalas con el aceite extra y coloca sobre ellas las hojas de lechuga bien lavadas y secadas. Reparte por encima el pescado macerado (no lo escurras antes, pero trata de no incorporar demasiado aliño) y enrolla las tortillas. Envuélvelas por separado en plástico de cocina y refrigera hasta el momento de consumir.

Es una receta ideal para que tus compañeros de oficina se mueran de envidia sin saber que lo único que has hecho es barrer los restos de la nevera. Aprovecha esas cantidades ínfimas que van quedando tras abrir latas de almejas, anchoas, mejillones, atún, navajas... o las tristes gambitas cocidas que a punto estuviste de darle al gato.

Tener huevos duros en la nevera es un comodín para momentos de prisa, pero recuerda que no aguantan más allá de cinco o seis días; a diferencia de los huevos crudos, que vienen «de fábrica» con una protección aceitosa en la cáscara (¿a que no lo sabías), los huevos duros la han perdido tras el paso por el agua, con lo que se estropean mucho más deprisa.

- ✓ necesita refrigeración
- necesita microondas / termo
- se puede congelar
- se puede preparar con antelación
- ✓ requiere plástico de cocina + fiambrera
- ✓ puede ser plato único

«BURRITOS» DE ROSBIF

1 ración

100 g de rosbif
4 aceitunas deshuesadas
2 tortillas mexicanas de trigo
2 hojas de lechuga
Escamas de queso
   parmesano
Aceite y sal

4 raciones

400 g de rosbif
1 latita de aceitunas
   deshuesadas
8 tortillas mexicanas de trigo
8 hojas de lechuga
Escamas de queso
   parmesano
Aceite y sal

Como de costumbre, pincela las tortillas con aceite, pero en este caso sé más generoso que en recetas anteriores. Extiende sobre ellas las hojas de lechuga, también como de costumbre bien lavadas y secas, y añade si quieres un pellizquito de sal. Cubre con las lonchas de rosbif, echa por encima las aceitunas picaditas y las escamas de queso, enrolla bien los burritos y envuélvelos por separado. Es suficiente con que los conserves en un lugar fresco, no es imprescindible refrigerarlos a menos que caiga un sol de justicia o la calefacción esté al rojo vivo.

En vez de rosbif puedes utilizar cualquier fiambre de carne que se pueda tomar frío. Las escamas de queso se sacan de una cuña de parmesano, con un pelaverduras o un cuchillo bien afilado. Si no tienes, utiliza parmesano rallado, o cualquier otro queso curado y sabroso.

   necesita refrigeración
   necesita microondas / termo
   se puede congelar
   se puede preparar con antelación
✓ requiere plástico de cocina + fiambrera
✓ puede ser plato único

PULPO CON PATATAS

1 ración

100 g de pulpo cocido
1 patata mediana
2 cucharadas de aceite de oliva
$1/2$ cucharada de zumo de
    limón
Sal y pimienta

4 raciones

400 g de pulpo cocido
4 patatas medianas o 2 grandes
$1/2$ vasito de aceite de oliva
2 cucharadas de zumo de
    limón
Sal y pimienta

Cuece las patatas con su piel de manera que queden bien firmes; déjalas enfriar, pélalas y córtalas en rodajas. Dispón las rodajas en una fiambrera y reparte sobre ellas el pulpo troceado. Aparte prepara el aliño con el aceite, el zumo de limón, sal y pimienta, y vierte sobre las patatas y el pulpo. Si quieres puedes añadir también un pellizquito de pimentón dulce. Conserva en un lugar fresco, mejor en la nevera, hasta un ratito antes de servir (está mejor a temperatura ambiente).

Puedes aprovechar restos de pulpo preparado en casa, pero también comprar bandejas de pulpo cocido en la sección de refrigerados de muchas grandes superficies. Sale un poco caro, pero un día es un día. De paso, si tienes abierto un frasco de patatitas en conserva, utilízalo sin problemas en vez de cocer patata aparte.

Si quieres enriquecer esta ensalada añádele lechuga y tomate; en ese caso lleva el aliño aparte, puesto que no hay nada más mustio que una hoja de lechuga flotando en aceite.

✓ necesita refrigeración
  necesita microondas / termo
  se puede congelar
✓ se puede preparar con antelación
✓ requiere fiambrera

CREMA DE CALABAZA
CON QUESO

1 ración

200 g de calabaza
1 cebolleta pequeña
1 rodaja fina de queso
    de cabra tierno
$1/2$ vaso de leche o caldo suave
Aceite
Sal y pimienta

4 raciones

$3/4$ kg de calabaza
2 cebolletas
1 rodaja fina de queso de cabra
    tierno, o bien un quesito de
    cabra de ración
2 vasos de leche o caldo suave
Aceite
Sal y pimienta

Quita la piel y las pepitas a la calabaza con un cuchillo bien afilado, trocéala y cuécela en el microondas sin nada de agua hasta que esté tierna. Deja reposar sobre un escurridor para que suelte el exceso de líquido. Mientras, saltea la cebolleta bien picada. Pon todos los ingredientes excepto el queso en el vaso de la batidora y tritura bien hasta obtener una crema fina. Caliéntala a fuego suave sin que llegue a hervir, rectifica de sal y viértela en una fiambrera o en un termo precalentado. Desmenuza sobre ella el queso de cabra y cierra bien.

La calabaza, típica verdura de invierno, es cada vez menos estacional. Si te gusta una crema más consistente puedes añadirle también patata cocida, y si las calorías no te asustan cambia la mitad de la leche por nata líquida.

- ✓ necesita refrigeración + microondas
  (o como alternativa necesita termo)
- ✓ se puede congelar
- ✓ se puede preparar con antelación
- ✓ requiere fiambrera o termo

SÁNDWICH
DE ROSBIF Y BEICON

1 ración

2 rebanadas de pan
  de molde
1 loncha de rosbif
2 lonchas de beicon
Unos aros de cebolleta
Mantequilla de champiñones

4 raciones

8 rebanadas de pan
  de molde
4 lonchas de rosbif
8 lonchas de beicon
Una cebolleta cortada
  en aros finos
Mantequilla de champiñones

Haz el beicon en una sartén sin nada de aceite, a temperatura media-baja, hasta que quede crujiente. Déjalo enfriar sobre papel de cocina para que pierda el exceso de grasa. Unta bien una de las caras de cada rebanada de pan con mantequilla de champiñones a temperatura ambiente. Corta en dos partes las lonchas de rosbif y disponlas sobre las caras untadas del pan. En medio coloca las lonchas de beicon y los aros de cebolla. Envuelve cada sándwich por separado y consérvalos en un lugar fresco.

La mantequilla de champiñones, como todas las mantequillas aromatizadas, es muy fácil de hacer: pasa por la picadora 100 g de champiñones de lata, bien escurridos. Mezcla con 150 g de mantequilla a temperatura ambiente y un pellizco de sal. Divide en porciones pequeñas y guarda en el congelador, sólo tienes que acordarte de sacarlas la noche anterior a preparar los sándwiches.

necesita refrigeración

necesita microondas / termo

se puede congelar

✓ se puede preparar con antelación

✓ requiere plástico de cocina o bolsa para bocadillo

CREMA DE ESPÁRRAGOS VERDES CON GAMBAS

1 ración

6 espárragos verdes en conserva
1 patata pequeña
6 gambas o langostinos grandecitos
1 diente de ajo
$1/2$ vasito de leche
$1/2$ vasito del líquido de conservación
    de los espárragos
1 cucharadita de harina
Sal y pimienta

Trocea los espárragos y ponlos en el vaso de la batidora. Pela la patata, trocéala y cuécela en el microondas o al estilo tradicional hasta que esté tierna. Al vaso de la batidora con ella.

Mientras, pica el ajo y saltéalo. Antes de que empiece a dorarse añade las gambas peladas, dales el punto de sal y deja hacer hasta que tengan un color nacarado por fuera. Añade la harina, dale unas vueltas rápidas y agrega la leche y el líquido de los espárragos. Cuando la mezcla empiece a espesar (más vale que no dejes de dar vueltas, por si acaso) saca las gambas a un platito y vierte esta crema en el vaso de la batidora. Tritúralo todo y vuelve a calentarlo. Vierte en una fiambrera o en un termo, añade las gambas troceadas y cierra bien.

Las gambas le dan el toque de lujo a la crema y constituyen un agradable «tropezón». Puedes sustituirlas por tiritas de salmón ahumado, que por supuesto no hay que rehogar. Si el presupuesto no está para tantas alegrías, lleva (aparte, claro) unas galletitas saladas, que le darán a la crema un buen contraste.

✓ necesita refrigeración + microondas
    (o como alternativa necesita termo)
    se puede congelar
✓ se puede preparar con antelación
✓ requiere fiambrera o termo

POLLO CALCUTA

1 ración

100 g de restos de pollo
   cocido o asado
1 mandarina
1 cucharada de queso crema
1 cucharada de zumo
   de limón
Un pellizco de curry en polvo
Sal

4 raciones

400 g de restos de pollo
   cocido o asado
4 mandarinas
100 g de queso crema
El zumo de medio limón
Una cucharadita de curry
   en polvo
Sal

Mezcla el queso con el zumo de limón y el curry, y condimenta con un pellizquito de sal. Vierte esta salsa por encima del pollo y remueve bien para que todos los trozos queden impregnados.

Pela la mandarina procurando retirar todo rastro de la piel blanca. Divide en gajos y añádelos al pollo. Refrigera hasta el momento de servir.

¿Por casualidad te sobró de la última Nochevieja alguna lata de uvas peladas y sin pepitas? Lo pregunto porque las puedes escurrir bien y utilizarlas como ingrediente para esta receta en lugar de la mandarina: le aportará el mismo toque dulce que tan bien contrasta con el marcado sabor del curry.

Por cierto, para gustos se hicieron los currys, los hay que son desde muy suaves hasta otros que son puro fuego. Tendrás que elegir en función de la resistencia de tus papilas.

- ✓ necesita refrigeración
- necesita microondas / termo
- se puede congelar
- ✓ se puede preparar con antelación
- ✓ requiere fiambrera

REMOLACHA AGRIDULCE

1 ración

150 g de remolacha
    en conserva
Unos aros muy finos
    de cebolleta
2 cucharadas de vinagre suave
2 cucharadas de azúcar
2 cucharadas de aceite
Sal

4 raciones

600 g de remolacha
    en conserva
1 cebolleta
6 cucharadas de vinagre
    suave
6 cucharadas de azúcar
6 cucharadas de aceite
Sal

Dispón la remolacha y los aros de cebolleta en una fiambrera. Aparte, calienta en un cacito el vinagre con el azúcar, sin dejar de remover, hasta que el azúcar se disuelva. Añade el aceite y un pellizco de sal y vierte sobre la remolacha. Remueve y refrigera durante toda la noche para que se fundan los sabores.

Los frascos de remolacha suelen envejecer en la nevera porque apenas utilizamos unas cuantas rodajitas para la ensalada. Esta receta, con su original toque agridulce y su mezcla de texturas, es una forma ideal de darles salida. Si quieres enriquecerla y darle más matices incorpora unas tiritas de beicon frito, pero perderá la textura crujiente al estar en contacto con el aliño. No se puede tener todo.

✓ necesita refrigeración

necesita microondas / termo

se puede congelar

✓ se puede preparar con antelación

✓ requiere fiambrera

CIRUELAS CON QUESO Y ALMENDRAS

1 ración	*4 raciones*
6 ciruelas pasas	24 ciruelas pasas
2 cucharadas de queso azul	(aproximadamente media caja)
1 cucharada de queso crema	100 g de queso azul
1 cucharadita de nata o leche	50 g de queso crema
6 almendras	2 cucharadas de nata o leche
	24 almendras

Pon los dos tipos de queso y la nata o la leche en un plato y mezcla bien con un tenedor. Deshuesa las ciruelas y rellena el lugar del hueso con la mezcla de quesos. Introduce en el queso una almendra y coloca las ciruelas rellenas en una fiambrera en la que no queden holgadas. Hay que mantener la fiambrera refrigerada, o como mínimo en lugar fresco.

Esta receta admite múltiples variantes, como utilizar cualquier otro tipo de queso (prueba con un brie o un camembert, o, como es norma, con el que tengas a mano), y por supuesto con otros frutos secos, como nueces o avellanas.

✓ necesita refrigeración
  necesita microondas / termo
  se puede congelar
✓ se puede preparar con antelación
✓ requiere fiambrera

GARBANZOS FRITOS

1 ración

100 g de garbanzos cocidos
$1/2$ cucharadita de pimentón
1 pimienta de Cayena
Aceite

4 raciones

400 g de garbanzos cocidos
$1/2$ cucharada de pimentón
1 pimienta de Cayena
Aceite

Calienta aceite en una sartén, saltea la Cayena entera durante un minuto y retírala. Añade los garbanzos, reduce el fuego y rehógalos un ratito, hasta que empiecen a coger color. Aparta la sartén del fuego, añade el pimentón (picante o dulce, para gustos se hicieron los sabores) y deja enfriar. Se consume a temperatura ambiente y no necesita refrigeración. Tienes la opción de enriquecer este plato y darle más matices rehogando un poco de cebolla o cebolleta picada fina junto con los garbanzos.

necesita refrigeración
necesita microondas / termo
✓ se puede congelar
✓ se puede preparar con antelación
✓ requiere fiambrera

SÁNDWICH DE FIAMBRE DE PAVO
Y *HUMMUS*

1 ración

2 cucharadas de *hummus*
1 loncha gruesa de fiambre
    de pavo
3 rodajas de pepino
2 hojas de lechuga
1 rodaja de tomate, o bien dos
    tomatitos cereza
2 rebanadas de pan
Sal

4 raciones

$^1/_2$ taza de *hummus*
    (véase la receta de la
    página 212)
4 lonchas gruesas de fiambre
    de pavo
1 pepino pequeño en
    rodajas
8 hojas de lechuga
1 tomate en rodajas
8 rebanadas de pan
Sal

Unta el *hummus* en las rodajas de pan, por las que luego serán las caras internas del sándwich. Corta el fiambre de pavo en dos trozos y monta los sándwiches alternando lechuga, pavo, tomate, pavo y pepino (si quieres puedes añadir también a los vegetales un pellizquito de sal). Envuelve individualmente cada sándwich en plástico de cocina y refrigera hasta el momento de servir.

El *hummus* suele tener una consistencia un tanto densa, así que quizá te cueste extenderlo en el pan e incluso es posible que las rodajas se te rompan. Puedes evitarlo si lo untas en el pan previamente congelado.

Así de paso se mantendrá fresco en el trayecto hasta la oficina.

- ✓ necesita refrigeración
-   necesita microondas / termo
- ✓ se puede congelar
- ✓ se puede preparar con antelación
- ✓ requiere plástico de cocina o bolsa para bocadillo

GUISO RÁPIDO DE POLLO

1 ración

100 g de restos de pollo
   asado o cocido
2 lonchas de beicon
1 cebolleta pequeña
$1/2$ cucharada de harina
1 vasito de leche
1 patata pequeña cocida
2 cucharadas de maíz en
   conserva
Aceite
Sal y pimienta

4 raciones

400 g de restos de pollo
   asado o cocido
8 lonchas de beicon
2 cebolletas
2 cucharadas de harina
1 y $1/2$ vasos de leche
2 patatas cocidas
1 latita de maíz en conserva
Aceite
Sal y pimienta

En primer lugar, haz el beicon en una sartén sin nada de grasa, a fuego lento, hasta que quede crujiente. Sácalo a un plato aparte y deja en la sartén la grasita que haya soltado. Añade un chorrito de aceite, sube el fuego y rehoga la cebolleta bien picada hasta que empiece a dorarse. Espolvorea con la harina, remueve bien, añade la leche, sal y pimienta (sin excederte, ya que los otros ingredientes de esta receta ya van condimentados) y deja hacer tres minutos sin parar de remover. Añade la patata picada en daditos, el maíz y el pollo, y sigue cocinando hasta que todo esté bien caliente. Vierte en una fiambrera o en el termo precalentado, echa por encima el beicon desmenuzado y ciérralo bien.

El beicon añadido así seguirá teniendo un sabor delicioso, pero sin remedio perderá la textura crujiente. Si quieres evitarlo desmenúzalo encima de un trocito de papel de aluminio, ciérralo, llévalo aparte e incorpóralo justo antes de consumir. No lo hagas si el termo es para el peque en el cole. Se le va a olvidar, fijo.

Es una receta perfecta para barrer restos de la nevera. Piensa en lo que puedes aprovechar: el pollo asado que ha sobrado de la cena, un paquete de beicon abierto, un frasco de patatitas en conserva que amenaza con ir a la basura, el resto de una lata de maíz que has empezado para la ensalada...

✓ necesita refrigeración + microondas
  (o como alternativa necesita termo)
  se puede congelar
✓ se puede preparar con antelación
✓ requiere fiambrera o termo
✓ puede ser plato único

SALPICÓN

1 ración

2 latitas pequeñas (50 g cada
   una, peso escurrido) de atún
   en conserva
$1/2$ cebolleta
2 pepinillos en vinagre
3 tomatitos cereza
   (o $1/2$ tomate)
Restos de pimiento rojo crudo
Restos de pimiento verde
   crudo
2 cucharadas de aceite de oliva
$1/2$ cucharada de vinagre
   o zumo de limón
Sal y pimienta

4 raciones

400 g de atún en conserva
1 cebolla pequeña
2 tomates
8 pepinillos en vinagre
1 pimiento rojo
1 pimiento verde
5 cucharadas de aceite de oliva
2 cucharadas de vinagre
   o zumo de limón
Sal y pimienta

Lava bien los dos tipos de pimientos y quítales las semillas y los nervios. Córtalos en tiras, y éstas a su vez en
daditos. Corta en aros la cebolla o cebolleta y mézclalo
todo con el atún bien escurrido. Dispón en una fiambrera el tomate cortado en rodajas finas y sobre ellas los
pepinillos muy picaditos. Cubre con la mezcla de atún,
pimiento y cebolla, y riega con una vinagreta preparada con el resto de los ingredientes.

Típica receta para «barrer restos» de la nevera, que
puedes adaptar a tu gusto: un poco de pulpo cocido en
vez de atún, o tal vez unas cuantas gambas para enri-

quecerlo, sólo pimiento rojo, sólo pimiento verde, pe-pinillos sí, pepinillos no... El aliño se puede incorporar a la fiambrera en cuanto la prepares, o si prefieres que los ingredientes lleguen más tersos llévalo en un fras-quito aparte y agítalo para emulsionar justo antes de consumir.

necesita refrigeración
necesita microondas / termo
se puede congelar
✓ se puede preparar con antelación
✓ requiere fiambrera y frasco para el aliño (opcional)

EL ROSBIF PERFECTO

8 raciones

1,5 kg de lomo bajo de ternera
1 cucharada de romero seco
1 copita de vino tinto
Aceite y sal gruesa o Maldon

He aquí la receta que cambiará tu vida, o como mínimo tus bocadillos. Es ideal para una cena con invitados, para pegarte un lujo en familia... y para que al día siguiente tengas el bocadillo más delicioso de la oficina.

Pide en la carnicería que retiren la mayor parte de la grasa del lomo, pero que dejen una capita. O mejor aún, diles que lo quieres para rosbif, ellos sabrán qué hacer. ¿No saben? Cambia urgentemente de carnicería.

Pon un chorrito de aceite en una sartén grande y caliéntalo a fuego vivo. Dora la carne por todos lados, transfiérela a una fuente que pueda ir al horno, y riégala con el mismo aceite en el que la has dorado. Introduce en el horno precalentado a 180 ºC durante veinte o veinticinco minutos (depende de si la carne te gusta poco hecha o al punto). Transcurrida la mitad de este tiempo riega con el vino y espolvorea con el romero. Una vez fuera del horno es el momento de añadir la sal.

Imprescindible dejar enfriar antes de cortar en las lonchas finas que manda el concepto mismo del rosbif. Para servir en el día a unos amigos que se merezcan algo tan delicioso, prueba a acompañar con una mahonesa mezclada con rabanitos rallados y unas gotas de Tabasco. Esa misma salsa te servirá para untar dos rebanadas de pan con las que llevar a la oficina o al colegio unos sándwiches exquisitos. Con unas hojas de lechuga (que deberías llevar aparte) obtendrás un sándwich mucho más completo y con un delicioso contraste de texturas.

Sólo un detalle: el rosbif cortado pierde en pocas horas su bonito color. Entre pan y pan no se nota, pero no se te ocurra prepararlo la víspera si eres el anfitrión de la fiesta.

    necesita refrigeración
    necesita microondas / termo
    se puede congelar
✓ se puede preparar con antelación
✓ requiere plástico de cocina o bolsa para bocadillo

FAJITAS DE POLLO

1 ración

100 g de pechuga
    de pollo
1 pimiento rojo
    de lata
1/2 cebolleta
3 tomates cereza
    (o 1/2 tomate)
1 cucharada colmada
    de maíz
2 hojas de lechuga
2 tortillas de trigo
Aceite
Sal y pimienta

4 raciones

400 g de pechuga
    de pollo
4 pimientos rojos
    de lata
2 cebolletas
2 tomates
1 latita de maíz
8 hojas de lechuga
8 tortillas de trigo
Aceite
Sal y pimienta

Salpimienta el pollo y hazlo a la plancha (o bien utiliza restos de pollo asado o cocido). Desmenúzalo bien. En el mismo aceite rehoga la cebolleta muy picada y cuando esté casi hecha añade el tomate también picadito. Saltéalo todo bien. Deja enfriar y mezcla con el pollo y el maíz.

Dispón las hojas de lechuga sobre las tortillas de trigo y reparte por encima la mezcla de pollo. Enrolla bien las fajitas y envuélvelas en plástico de cocina.

¿Tienes en la nevera algún resto de aguacate? No importa que no esté en su mejor momento y haya perdido el color verde (ya te dije que lo de guardarlo con el hueso no funciona), pícalo y a las fajitas con él.

✓ necesita refrigeración
  necesita microondas / termo
  se puede congelar
  se puede preparar con antelación
✓ requiere plástico de cocina

Aunque lo más normal es que
tu postre cotidiano sea un yogur
o una fruta fresca, de vez en cuando
te puedes permitir un pequeño lujo.
A continuación encontrarás dos recetas
a base de fruta, sí, pero con más chispa.
Son perfectas para llevar.

MELOCOTÓN CON PASAS Y ALMENDRAS

1 ración	*4 raciones*
1 melocotón	4 melocotones
1 cucharada de pasas	4 cucharadas de pasas
1 cucharada de almendras fileteadas	4 cucharadas de almendras fileteadas
$1/2$ cucharada de zumo de limón	2 cucharadas de zumo de limón
1 cucharadita de azúcar	1 cucharada de azúcar

Pela el melocotón o melocotones. Lo puedes hacer «en vivo», a puro cuchillo o, si lo prefieres, escaldarlos en agua hirviendo medio minuto después de hacerles unos cuantos cortes superficiales en la piel. Quítales el hueso y córtalos en trozos que quepan en una boca de tamaño normal con sus dientes y todo. Ponlos en una fiambrera en la que no queden holgados y echa las pasas por encima.

Aparte, disuelve el azúcar en el zumo de limón (más o menos, tampoco hace falta que desaparezca) y vierte esta mezcla sobre los trozos de melocotón. Envuelve las almendras en un trocito de papel de aluminio (si quieres las puedes saltear antes en la sartén sin aceite para que tengan más sabor) y resérvalas aparte. No se te ocurra guardar este paquetito en la misma fiambrera que los melocotones, el zumo de limón puede hacer cosas horribles con el papel de aluminio. Las almendras se incorporan a los melocotones justo antes de consumir.

Se puede preparar la noche anterior, en realidad queda mejor que recién hecho. Por norma general la fruta pelada ha perdido su protección natural (léase la piel) y por tanto se corre el riesgo de que se estropee. El zumo de limón evitará en buena parte el problema, pero ¿para qué correr riesgos? Es mejor conservar la fiambrera en la nevera, o como mínimo en un lugar fresco. La verdad, el melocotón tibio tampoco es nada apetitoso.

✓ necesita refrigeración
   necesita microondas / termo
   se puede congelar
✓ se puede preparar con antelación
✓ requiere fiambrera y papel de aluminio

MELOCOTONES AL CAVA

1 ración

1 melocotón
1 copa de cava
4 hojitas de menta
2 cucharaditas de miel

4 raciones

4 melocotones
4 copas de cava
16 hojitas de menta
2 cucharadas de miel

Pela el melocotón (te será muy fácil si lo sumerges unos segundos en agua hirviendo) y córtalo en ocho trozos. Disponlos en una fiambrera en la que no estén demasiado holgados y pon encima las hojas de menta picadas. Aparte, disuelve la miel en el cava y riega con esta mezcla los melocotones. Refrigera hasta el momento de consumir, como mínimo media hora para que se transmitan los sabores.

Es una receta ideal para aprovechar ese resto de cava con el que nadie se atrevió, pero si no es el caso, sustitúyelo por un vino blanco espumoso.

✓ necesita refrigeración
  necesita microondas / termo
  se puede congelar
✓ se puede preparar con antelación
✓ requiere fiambrera

Para llevar... al colegio

La misión del almuerzo que los chicos se llevan al colegio es recargarles las pilas para que sigan funcionando por la tarde a pleno rendimiento, porque las asignaturas que se estudian después de comer van a examen igual que las de la mañana. Para eso, ya lo hemos dicho, lo importante es que se lo coman. Y para que se lo coman lo importante es que les guste. ¿Para qué te molestas en poner en la fiambrera de Carlitos una ensalada mixta si sabes de sobra que el chaval no soporta el pepino?

Hay tres ingredientes que gustan a casi todos los niños y que nos van a ayudar a «colarles» el resto de los alimentos que nos interesen: el arroz, la pasta y el pollo. Por eso la mayor parte de las recetas de este apartado se basan en ellos, complementándolos con proteínas de diversas procedencias y verduras para crear almuerzos sanos y completos. Porque ésa es otra: el recreo está esperando y tu hijo tiene mejores cosas que hacer que abrir una fiambrera detrás de otra. Verás que aquí muchas de las recetas son platos únicos.

El tema de la seguridad de los alimentos es especialmente importante cuando cocinamos para niños. Además de seguir rigurosamente todas las medidas de higiene, asegúrate de que en el colegio disponen de un lugar fresco donde guardar sus fiambreras antes de la hora de comer. Siempre que la receta lo permita ponle el almuerzo en la bolsa todavía congelado. Y repíteles una y mil veces que si el termo se rompe durante el transporte más vale tirar la comida, puede estar llena de peligrosos trocitos de cristal (pero déjales bien claro que es la ÚNICA ocasión en que está permitido).

A partir de cierta edad los chicos son personitas con criterios muy claros y gustos bastante definidos. Déjate guiar por ellos, pero también involúcralos en la elección del menú semanal y en la preparación de las comidas. Se las tomarán mucho mejor si han formado parte del proceso y, además, estarás proporcionándoles una educación nutricional, que buena falta hace en estos tiempos que corren.

ESPAGUETIS CON SARDINAS

1 ración

100 g de espaguetis
2 sardinas en aceite
$1/2$ pimiento rojo de lata
2 aceitunas deshuesadas
Aceite y sal

4 raciones

400 g de espaguetis
8 sardinas en aceite
1 latita de pimientos rojos
1 latita de aceitunas
      deshuesadas
Aceite y sal

Cuece la pasta en abundante agua hirviendo con sal. Mientras, en un cuenco pequeño, desmenuza las sardinas (no les quites la espina si quieres un buen aporte de calcio), añade el pimiento rojo cortado en tiritas, las aceitunas bien picadas y una gotita de aceite. Mezcla bien, añade a la pasta escurrida e introduce en un termo precalentado o en una fiambrera.

✓ necesita refrigeración + microondas
    (o como alternativa necesita termo)
  se puede congelar
  se puede preparar con antelación
✓ requiere fiambrera o termo

CARACOLAS CON JAMÓN

1 ración

100 g de caracolas (o bien
otra pasta de formato
parecido)
1 loncha no muy fina de
jamón de York
2 cucharadas de salsa de
tomate
Restos de verduras
Queso rallado
Aceite y sal

4 raciones

400 g de caracolas (o bien
otra pasta de formato
parecido)
4 lonchas no muy finas de
jamón de York
$1/2$ vaso de salsa de tomate
Restos de verduras
Queso rallado
Aceite y sal

Cuece la pasta en abundante agua con sal. Mientras, en
un poquito de aceite, rehoga el jamón cortado en tiritas. Si tienes en la nevera algún resto perdido de verduras crudas (calabacín, berenjena, pimiento), rehógalas
junto con el jamón. Añade la salsa de tomate (y restos
de verduras ya cocinadas que tengas por la nevera), y
vierte sobre la pasta escurrida. Condimenta con el queso rallado.

Una receta perfecta para aprovechar una verdura
que tengamos empezada y a la que, de otra manera,
sólo le espera el triste destino del cubo de la basura.
Además, la combinación de pasta (hidratos de carbono), jamón (proteínas) y verduras (fibra y vitaminas) da
como resultado un plato muy completo, con el com-

plemento nada despreciable de los nutrientes del queso, por poca cantidad que usemos.

✓ necesita refrigeración + microondas
    (o como alternativa necesita termo)
✓ se puede congelar
✓ se puede preparar con antelación
✓ requiere fiambrera o termo
✓ puede ser plato único

ENSALADA DE MACARRONES CON BRÓCOLI

1 ración

50 g de macarrones
6 ramitos de brócoli (fresco o congelado)
1/2 cucharada de alcaparras
2 cucharadas de aceite de oliva
1 cucharada de zumo de limón
Unas cuantas hebras de azafrán
Sal, pimienta y perejil picado

4 raciones

200 g de macarrones
1 cabeza pequeña de brócoli
2 cucharadas de alcaparras
1/2 vasito de aceite de oliva
4 cucharadas de zumo de limón
Unas cuantas hebras de azafrán
Sal, pimienta y perejil picado

Cuece por separado en agua con sal los macarrones y el brócoli. Ambos ingredientes deben quedar firmes, al dente la pasta y un poquito crujiente la verdura, porque si quisieras puré habrías elegido otra receta, ¿no? Cuando ambos ingredientes estén a temperatura ambiente mézclalos junto con un tercio del aceite y las alcaparras bien escurridas del líquido de conservación.

Aparte, tuesta un instante las hebras de azafrán en una sartén sin nada de aceite (o envueltas en papel de plata directamente sobre la llama o sobre la vitrocerámica caliente) y desmenúzalas en el zumo de limón. Agrega el resto del aceite, sal, pimienta y perejil picado, y aliña los macarrones y el brócoli con esta mezcla. Se consume a temperatura ambiente.

Es una receta estupenda para dejar preparada la noche anterior en la nevera, porque así los sabores tienen tiempo de mezclarse. Aprovecha para dar salida a restos de pasta, que no tiene que ser macarrones necesariamente, claro.

✓ necesita refrigeración

necesita microondas / termo

✓ se puede congelar

✓ se puede preparar con antelación

✓ requiere fiambrera

✓ puede ser plato único

PASTA CON ATÚN

1 ración

75 g de pasta
1 latita de migas de atún
$^1/_2$ vasito de salsa de tomate
1 cebolleta pequeña
1 diente de ajo pequeño
2 aceitunas deshuesadas
1 cucharada de perejil picado
Sal y pimienta

4 raciones

300 g de pasta
2 latas de migas de atún
1 vaso de salsa de tomate
2 cebolletas
2 dientes de ajo
1 latita de aceitunas deshuesadas
4 cucharadas de perejil picado
Sal y pimienta

Cuece la pasta en abundante agua hirviendo con sal, tiene que quedar al dente. Mientras, pica la cebolleta y rehógala en un poquito de aceite. A medio camino añade el ajo también picado y, cuando todo esté dorado, la salsa de tomate y las migas de atún bien escurridas. Deja que todo cueza junto un par de minutos y, en el último momento, incorpora el perejil y las aceitunas cortadas en aros tan finitos como te alcance la paciencia. Rectifica de sal y mezcla bien con la pasta aún caliente.

Para recetas como ésta es un desperdicio utilizar conservas de atún en trozos, son mucho más caras y, encima, tendrás que perder valiosos segundos de tu vida... desmigándolas.

✓ necesita refrigeración + microondas
   (o como alternativa necesita termo)
  se puede congelar
✓ se puede preparar con antelación
✓ requiere fiambrera o termo

«CANELONES» DE PESCADO

1 ración

2 láminas de surimi
100 g de restos de pescado
  cocido
1 cebolleta pequeña
2 cucharadas de aceite
  de oliva
$1/2$ cucharada de zumo
  de limón
Sal y pimienta

4 raciones

8 láminas de surimi
400 g de restos de pescado
  cocido
2 cebolletas
4 cucharadas de aceite
  de oliva
1 cucharada de zumo
  de limón
Sal y pimienta

Repasa bien el pescado para asegurarte de que no queda ninguna espina y desmenúzalo con los dedos. Añádele la cebolleta bien picada y riégalo con la vinagreta que se obtiene de emulsionar el aceite con el zumo de limón, sal y pimienta. Reparte la mezcla sobre las láminas de surimi, enróllalas como si fueran canelones y colócalas en una fiambrera. Refrigera hasta el momento de servir.

La mejor manera de aprovechar restos de pescado (o de marisco, claro, lo que lo convierte en un plato de lujo); pero también puedes enriquecer la mezcla con trocitos de tomate o de pimiento. Los sobrecitos individuales de mahonesa o salsa rosa son el condimento ideal. También puedes añadir la salsa a los propios canelones, pero en ese caso la refrigeración es extra importante.

✓ necesita refrigeración
  necesita microondas / termo
✓ se puede congelar
✓ se puede preparar con antelación
✓ requiere fiambrera

PASTA CON SALSA DE QUESOS
Y FRUTOS SECOS

1 ración

100 g de pasta
60 g de quesos variados
$^1/_2$ vasito de nata líquida
Un puñadito de frutos secos
Sal y pimienta

4 raciones

500 g de pasta
250 g de quesos variados
1 vaso de nata líquida
100 g de frutos secos
Sal y pimienta

Cuece la pasta de manera que quede un poco firme. Mientras, calienta la nata con los quesos rallados o troceados muy menudos hasta que se derritan, y salpimenta al gusto. Pica groseramente (o sea, en trozos no muy menudos, no se trata de empezar a insultar) los frutos secos, añádelos a la salsa y vierte sobre la pasta bien escurrida.

Los restos de quesos que van quedando en la nevera son una pesadilla: unos se quedan duros como piedras y otros adquieren sospechosas tonalidades verdes. Para evitarlo y poderlos aprovechar en recetas como ésta, cuando veas que un trozo de queso está abocado a tan triste destino guárdalo en una bolsa en el congelador. El queso descongelado suele tener una textura quebradiza poco apetitosa, pero para un plato como éste no notarás la diferencia.

La mejor manera de picar frutos secos, ya sea groseramente o con toda cortesía, es la tradicional picadora.
Si no te apetece sacarla y mancharla por tan poca cosa,
prueba a ponerlos en una bolsa de plástico resistente y
machacarlos con un mazo de cocina, o en su defecto
con una botella de cristal.

✓ necesita refrigeración + microondas
    (o como alternativa necesita termo)
  se puede congelar
✓ se puede preparar con antelación
✓ requiere fiambrera o termo
✓ puede ser plato único

MACARRONES CON CARNE

1 ración

100 g de macarrones
1 filetito de ternera (unos 75 g)
3 cucharadas de salsa de
    tomate
1 cebolleta pequeña
1 diente de ajo pequeño
Perejil picado
Aceite, sal y pimienta

4 raciones

400 g de macarrones
300 g de ternera en filetes finos
$1/2$ vaso de salsa de tomate
2 cebolletas o una cebolla
    mediana
2 dientes de ajo
Perejil picado
Aceite, sal y pimienta

Cuece los macarrones en agua hirviendo con sal. Mientras, pica menuda la cebolleta y rehógala en un poco de aceite. Cuando esté blanda pero aún no haya cogido color añade los ajos y la carne cortada en tiritas finas. La carne se hará enseguida. Incorpora la salsa de tomate, salpimienta y mezcla con la pasta bien escurrida antes de guardar en una fiambrera o en un termo precalentado.

Por cierto, como dijo alguien el aceite es para la ensalada, no para la pasta. No hace falta que añadas ningún tipo de grasa al agua de cocción, los italianos, expertos en la materia, lo consideran una abominación.

✓ necesita refrigeración + microondas(o termo)
✓ se puede congelar
✓ se puede preparar con antelación
✓ requiere fiambrera o termo

SÁNDWICH DE MANTEQUILLA DE CACAHUETE

1 ración

2 cucharadas de mantequilla
   de cacahuete
1 zanahoria pequeña, rallada
1 cucharada de pipas
   de girasol peladas
1 cucharada de pasas
2 rebanadas de pan

4 raciones

$1/2$ taza de mantequilla
   de cacahuete
2 zanahorias, ralladas
4 cucharadas de pipas
   de girasol peladas
4 cucharadas de pasas
8 rebanadas de pan

Unta la mantequilla de cacahuete en las rebanadas de pan y presiona contra ellas el resto de los ingredientes del relleno. Monta el sándwich o sándwiches y presiónalos para sellar bien. Envuélvelos en plástico de cocina.

Estos sándwiches, con ingredientes que los niños consideran casi golosinas (sobre todo si se disimula la zanahoria), son muy nutritivos. Recuerda que la mantequilla de cacahuete aporta tantas proteínas como la carne o los huevos, así que con este sándwich los chicos hacen una comida muy completa.

    necesita refrigeración
    necesita microondas / termo
✓ se puede congelar
✓ se puede preparar con antelación
✓ requiere plástico de cocina o bolsa para bocadillo

DADOS DE POLLO

1 ración

150 g de pechuga de
   pollo en dados
1 cucharada de mantequilla
   de cacahuete
1 cucharada de mantequilla
4 cucharadas de salsa de soja
1 cucharada de cacahuetes

4 raciones

600 g de pechuga de
   pollo en dados
3 cucharadas de mantequilla
   de cacahuete
3 cucharadas de mantequilla
1/2 vasito de salsa de soja
4 cucharadas de cacahuetes

Pon los dados de pollo en un cuenco junto con la salsa de soja y deja marinar como mínimo una hora, mejor toda la noche. Pon los dos tipos de mantequilla en una sartén y calienta a fuego no muy vivo. Cuando la mantequilla de vaca se haya derretido, la de cacahuete seguirá bastante entera. No importa: es el momento de añadir los cacahuetes y dejar hacer un minuto sin dejar de remover. Incorpora el pollo con toda la salsa de soja y cocina sin dejar de remover durante tres o cuatro minutos, de manera que la mantequilla de cacahuete se deshaga y se integre a la salsa.

Este pollo queda delicioso caliente, mezclado con arroz blanco, lo que lo convierte en una comida muy completa (no te olvides de que la mantequilla de cacahuete aporta mucho más que grasa). Pero también se puede comer a temperatura ambiente. Elige, ¿termo sí, termo no?

✓ necesita refrigeración
   (para consumir a temperatura ambiente)
✓ necesita termo o refrigeración +
   microondas (para consumir caliente)
   se puede congelar
✓ se puede preparar con antelación
✓ requiere fiambrera o termo
✓ puede ser plato único

POLLO FRITO AL SÉSAMO

1 ración

100 g de filetes de pechuga
   de pollo
1 huevo
Pan rallado
Sal
Semillas de sésamo
Aceite para freír

4 raciones

400 g de filetes de pechuga
   de pollo
1 huevo
Pan rallado
Sal
Semillas de sésamo
Aceite para freír

Corta los filetes de pollo en tiras, rectifícalas de sal y pásalas por el huevo batido, el pan rallado y las semillas de sésamo colocadas en un platito llano. Fríelas en aceite abundante a temperatura alta. Se pueden consumir recién hechas, calientes del termo o a temperatura ambiente.

Si sólo vas a rebozar una pequeña cantidad de pollo lo más probable es que te sobre huevo en abundancia. ¡No lo tires! Prueba a cuajar una tortilla pequeña, que luego puedes cortar en tiras y congelar para añadir a una ensalada o un arroz. O también añádele un puntito de sal y empapa rebanadas de pan del día anterior, que luego freirás en el mismo aceite que el pollo. No es precisamente un complemento ligero para la comida, pero sí muy nutritivo.

✓ necesita refrigeración
   (para consumir a temperatura ambiente)
✓ necesita termo o refrigeración +
   microondas (para consumir caliente)
   se puede congelar
   se puede preparar con antelación
✓ requiere fiambrera o termo

ENSALADA DE PASTA CON SALMÓN

1 ración

100 g de pasta
100 g de salmón sin piel
   ni espinas
1 cucharada de piñones
1 cucharada de aceite
Eneldo fresco o seco
Sal y pimienta

4 raciones

400 g de pasta
400 g de salmón sin piel
   ni espinas
4 cucharadas de piñones
4 cucharadas de aceite
Eneldo fresco o seco
Sal y pimienta

Cuece la pasta en abundante agua hirviendo. Aparte, prepara el salmón al vapor, o cuécelo de manera que quede hecho, pero muy jugoso. Aparte, saltea los piñones en una sartén sin nada de aceite. Deja enfriar las tres cosas. Desmenuza el salmón en trozos grandecitos y mézclalo en una fiambrera con la pasta y los piñones. Mezcla el aceite con sal, pimienta y un pellizco de eneldo (si es fresco que el pellizco sea generoso) y aliña la ensalada. Refrigera hasta un ratito antes de consumir.

Esta ensalada tan completa quedará de maravilla si eliges pasta de colores, no tanto por su nivel nutritivo (no es mucha la zanahoria que hace falta para dar color anaranjado a un macarrón), sino porque entra por los ojos. Además, si pulula por la nevera alguna loncha de salmón ahumado, añádela cortada en tiritas. Lo mismo se aplica si lo que tienes a punto de caducar son unos tomates cereza.

- ✓ necesita refrigeración
- necesita microondas / termo
- ✓ se puede congelar
- ✓ se puede preparar con antelación
- ✓ requiere fiambrera

ENSALADA HAWAIANA

1 ración

100 g de arroz cocido
50 g de gambas
    cocidas y peladas
1 rodaja de piña en conserva
    al natural
Aceite
Salsa rosa o mahonesa

4 raciones

400 g de arroz cocido
200 g de gambas
    cocidas y peladas
4 rodajas de piña en conserva
    al natural
Aceite
Salsa rosa o mahonesa

Corta la piña en trocitos pequeños y dórala un minuto por cada lado en un chorrito de aceite muy caliente. Deja enfriar antes de mezclar con el resto de los ingredientes. Refrigera hasta el momento de consumir.

Si tienes en la nevera unos restos de pollo asado o cocido, añádelos también: combina de maravilla con el arroz, la piña y las gambas, y te servirá para convertir esta ensalada en un generoso y completo plato único.

La mahonesa o la salsa rosa se estropean con el calor (lo sé, acabo de descubrir la sopa de ajos), y el arroz también es un elemento delicado, así que esta receta requiere refrigeración constante. Si no va a ser posible en el trayecto entre casa y la oficina y éste es largo, mejor cambia de receta, o como mínimo lleva sobrecitos individuales del condimento.

✓ necesita refrigeración
   necesita microondas / termo
   se puede congelar
✓ se puede preparar con antelación
✓ requiere fiambrera
✓ puede ser plato único

ARROZ FRITO

1 ración	4 raciones
100 g de arroz de grano largo cocido	400 g de arroz de grano largo cocido
Salsa de soja	Salsa de soja
Mantequilla	Mantequilla
Restos de tortilla, gambas, guisantes, brotes de soja, surimi, maíz cocido, jamón de York...	Restos de tortilla, gambas, guisantes, brotes de soja, surimi, maíz cocido, jamón de York...

Haz una batida por la nevera en busca de restos. Vale prácticamente cualquier cosa, mientras tu sentido común no te indique lo contrario (por ejemplo, yogur NO). Si es necesario, corta lo que encuentres en tiras o trocitos de tamaño similar, y si alguno está crudo saltéalo en una sartén amplia con un poquito de mantequilla. Añade el arroz y un buen chorrete de salsa de soja, y remueve bien hasta que el arroz esté caliente y los ingredientes bien distribuidos. Transpórtalo en un termo o bien refrigéralo hasta el momento de consumir previo paso por el microondas.

Siempre que tengas que rebozar algo y te sobre un poco de huevo batido, no lo tires: agrégale una pizca de sal y cuaja una tortilla finita. Déjala enfriar, córtala en tiras y guárdala en el congelador. Te irá de lujo para recetas como ésta.

✓ necesita refrigeración + microondas
   (o como alternativa necesita termo)
✓ se puede congelar
✓ se puede preparar con antelación
✓ requiere fiambrera o termo

ENSALADA DE PASTA Y POLLO

1 ración

100 g de pasta de formato
   pequeño
50 g (más o menos) de restos
   de pollo asado o cocido
50 g (más o menos) de judías
   pintas en conserva
1 pimiento verde pequeño
1 tomate pequeño (puede ser
   en conserva al natural)
$1/2$ cebolleta pequeña
Un trocito de guindilla fresca
   (opcional)
$1/2$ cucharada de zumo de
   limón
2 cucharadas de aceite de oliva
Sal y pimienta

4 raciones

400 g de pasta de formato
   pequeño
200 g de restos de pollo asado
   o cocido
200 g de judías pintas en
   conserva
4 pimientos verdes pequeños
   (o bien 2 grandes)
2 tomates (o bien 4 en
   conserva al natural)
2 cebolletas pequeñas
1 guindilla fresca (opcional)
2 cucharadas de zumo de
   limón
$1/2$ vasito de aceite de oliva
Sal y pimienta

Cuece la pasta en abundante agua con sal, escúrrela y déjala enfriar. Mientras, pica menudo el tomate (si es fresco, antes pélalo y quítale las semillas). Ponlo en una fiambrera junto con el pollo cortado en tiras finas, las judías pintas bien escurridas, el pimiento troceado muy menudo después de quitarle las pepitas, la cebolleta también muy picada y la guindilla cortada en aros finísimos. Incorpora la pasta ya fría, mezcla bien y condimenta con el aceite de oliva, el zumo de limón, sal y pimienta. Puedes dejarlo preparado desde la noche anterior.

Es una ensalada muy completa que además no necesita preparaciones de última hora. Te servirá para aprovechar restos de pasta cocida, de pollo, la lata abierta de tomates, el frasco de judías que empezaste anteayer... Se transforma fácilmente en plato único si aumentas la cantidad de pollo.

✓ necesita refrigeración
 necesita microondas / termo
✓ se puede congelar
✓ se puede preparar con antelación
✓ requiere fiambrera
✓ puede ser plato único

ENSALADA DE PASTA AL LIMÓN

1 ración

100 g de pasta corta
1 zanahoria
75 g de migas de atún
   en aceite
1 diente de ajo pequeño
El zumo de un limón pequeño
La ralladura de medio limón
2 cucharadas de aceite
Sal y pimienta

4 raciones

400 g de pasta corta
4 zanahorias
300 g de migas de atún
   en aceite
2 dientes de ajo
El zumo de un limón pequeño
La ralladura de medio limón
2 cucharadas de aceite
Sal y pimienta

Cuece la pasta en abundante agua con sal y escúrrela en cuanto esté al dente. Déjala enfriar. Mientras, pela las zanahorias o ráspalas bien, lávalas y rállalas directamente sobre la fiambrera (¿para qué manchar otro cuenco?). Añade las migas de atún escurridas, el ajo muy picado, el zumo de limón y la ralladura. Agrega el aceite, sal y pimienta. Incorpora la pasta, mezcla bien y refrigera hasta el momento de servir.

Gracias a la zanahoria, esta ensalada puede convertirse en un buen plato único, aunque una ensalada verde de guarnición no le iría nada mal. El limón le da un toque refrescante delicioso. Acuérdate de lavarlo bien, incluso con un estropajo, antes de sacar la ralladura, porque muchas veces los limones que se comercializan llevan «de propina» una capita de cera para hacerlos más atractivos. Por supuesto, si tienes en la nevera unos restos de atún a la plancha utilízalos, el resultado será aún mejor si cabe. Un consejo: si tienes miedo del qué dirán tus compañeros (por el aliento, claro), suprime el ajo, o saltéalo un poquito antes de añadirlo.

- ✓ necesita refrigeración
- necesita microondas / termo
- se puede congelar
- ✓ se puede preparar con antelación
- ✓ requiere fiambrera
- ✓ puede ser plato único

CANELONES DE ATÚN

1 ración

2 placas de canelones
75 g de atún en conserva
   (peso escurrido)
1 cebolleta pequeña
Restos de pimiento rojo
   o verde (puede ser de lata)
1 diente de ajo pequeño
Salsa besamel, una yema
   de huevo y queso rallado
   (opcional)

4 raciones

8 placas de canelones
300 g de atún en conserva
   (peso escurrido)
1 cebolla
1 pimiento rojo o verde
   (puede ser de lata)
2 dientes de ajo
Salsa besamel, una yema
   de huevo y queso rallado
   (opcional)

Cuece las placas de canelones, escúrrelas y déjalas sobre un paño de cocina. Mientras, rehoga la cebolla muy picada junto con el pimiento crudo cortado en daditos, añade el ajo y deja hacer hasta que todo esté tierno (en caso de utilizar pimientos de lata incorpóralos al sofrito en el último momento). Quita de la sartén la mayor parte del aceite, añade el atún bien escurrido y dale unas vueltas para mezclar todos los ingredientes. Pon una cucharada de esta pasta sobre cada placa de canelón y enróllalos para cerrarlos. Si los vas a consumir fríos es el momento de ponerlos en una fiambrera en la que no estén holgados y refrigerar. Si los vas a tomar calientes ponlos en una fuente de horno. Bate la salsa besamel con la yema de huevo cruda, vierte sobre los canelones, espolvorea con el queso rallado y gratina a horno fuerte. Deja enfriar y reparte los canelones entre las fiambreras. En este momento puedes congelarlos, o bien refrigerar hasta el momento de consumir recalentados.

Hay placas de canelones que no necesitan cocción, les basta con un tiempo en remojo y son ideales para cuando vamos con prisas. Y si estás preparando este plato para tomar frío, prueba a incorporar al atún algunas aceitunas picadas muy menudas. También puedes utilizar placas de lasaña, te saldrán canelones gigantes (y seguro que a tus hijos les encanta el nombre).

- ✓ necesita refrigeración (para consumir fríos)
- ✓ necesita termo o refrigeración +
     microondas (para consumir calientes)
-   se puede congelar
- ✓ se puede preparar con antelación
- ✓ requiere fiambrera o termo

ENSALADA DE ARROZ Y ATÚN

1 ración

100 g de arroz cocido
1 huevo duro
3 tomatitos cereza,
    o bien $^1/_2$ tomate
2 pepinillos en vinagre
3 aceitunas
1 latita pequeña (50 g peso
    escurrido) de migas de atún
2 cucharadas de aceite
$^1/_2$ cucharada de vinagre
Sal y pimienta

4 raciones

400 g de arroz cocido
4 huevos duros
2 tomates
8 pepinillos en vinagre
1 latita de aceitunas
    deshuesadas
1 lata grande (200 g peso
    escurrido) de migas de atún
$^1/_2$ vasito de aceite
2 cucharadas de vinagre
Sal y pimienta

Pon el arroz ya frío en una fiambrera. Pela los huevos y córtalos en cuartos a lo largo. Añádelos al arroz junto con los tomates sin semillas y troceados, los pepinillos cortados en tiritas, las aceitunas picadas y el atún bien escurrido. Condimenta con una vinagreta elaborada con los últimos ingredientes y refrigera hasta el momento de servir.

✓ necesita refrigeración
   necesita microondas/termo
   se puede congelar
✓ se puede preparar con antelación
✓ requiere fiambrera
✓ puede ser plato único

COMPOTA

Restos de fruta
Azúcar moreno
Canela

Más que una receta es una técnica para aprovechar frutas que están a punto de superar la etapa de «muy maduras» para pasar directamente a la fase de «podridas». Vale casi cualquiera: peras, plátanos, manzanas, fresas... Las únicas excepciones son las muy fibrosas, como la piña, o las que tienen demasiado contenido de agua, como la sandía o el melón.

Limpia bien las frutas, quítales las partes «pochas», pélalas y córtalas en trozos. Ponlas en un cazo junto con azúcar moreno al gusto y una gotita de agua, y deja hacer a fuego medio entre diez y veinte minutos, hasta que se hayan reducido a un puré con tropezones. Tendrás que remover muy a menudo. Deja enfriar, reparte en fiambreras y congela, o bien refrigera hasta el momento de consumir.

✓ necesita refrigeración
  necesita microondas / termo
✓ se puede congelar
✓ se puede preparar con antelación
✓ requiere fiambrera

MUFFINS DE PLÁTANO

12 muffins

100 g de mantequilla ablandada
120 g de azúcar moreno
3 plátanos muy maduros
50 ml (medio vasito) de leche
2 huevos
300 g de harina integral
2 cucharaditas de levadura
1 pellizco de sal
Unas gotitas de esencia de vainilla (opcional)

Mezcla bien la mantequilla con el azúcar y a continuación agrega los plátanos machacados, la leche, la vainilla si quieres y los huevos previamente batidos. Remueve todo bien. Incorpora poco a poco la harina, removiendo para integrar (no importa que quede algún grumo); por último agrega la levadura y la sal y vuelve a mezclar bien.

Rellena con esta mezcla moldes para *muffins* (previamente engrasados) o para magdalenas, e introduce en el horno precalentado a 180 ºC unos veinte o veinticinco minutos o hasta que al pincharlos con una aguja ésta salga limpia. También puedes hacer bizcochos grandes con otro tipo de moldes, pero en este caso tendrás que aumentar el tiempo de cocción.

Una vez estén hechos sácalos del horno y déjalos reposar cinco minutos antes de desmoldarlos sobre una rejilla hasta que se enfríen por completo. Envuélvelos individualmente en papel de aluminio o plástico de cocina y congélalos.

¿Posibles variantes? Todas. Cambia de fruta, añade frutos secos o trocitos de chocolate... Las cantidades se dan para doce unidades porque, evidentemente no vale la pena hacer sólo uno. Ponlos en la bolsa del almuerzo recién sacados del congelador, ayudarán a mantener frescos el resto de los alimentos.

  necesita refrigeración
  necesita microondas / termo
✓ se puede congelar
✓ se puede preparar con antelación
✓ requiere plástico de cocina

PIRULETAS DE PLÁTANO CON CHOCOLATE

2 raciones

1 plátano
50 g de chocolate negro
1 cucharadita de mantequilla
3 nueces picadas

8 raciones

4 plátanos
200 g de chocolate negro
2 cucharadas de mantequilla
$1/2$ taza de nueces picadas

Pela los plátanos, corta una de las puntas (y cómetela, aquí no se tira nada) y córtalos por la mitad a lo largo. Clava en la zona cortada un palito de helado, ponlos en una bandeja ligerísimamente engrasada con aceite de girasol o mantequilla, y congélalos hasta que estén firmes.

Derrite el chocolate junto con la mantequilla al baño María o en el microondas (a la mínima potencia y con mucho cuidado). Pon las nueces en un platito llano. Coge cada piruleta de plátano por el palo, pásalo por el chocolate, luego por las nueces, y vuelve a congelar. Envuélvelos por separado en plástico de cocina y déjalos en el congelador hasta unas horas antes de consumir.

¿Por qué dos raciones? Porque esto es una bomba de calorías, amigos. Con medio plátano y su correspondiente ración de chocolate y nueces vamos más que servidos (adultos y niños). Pero ya que estamos, y ya que es tan fácil de conservar en el congelador, lánzate y haz ocho raciones, que te va a llevar casi el mismo tiempo.

- ✓ necesita refrigeración
  necesita microondas / termo
- ✓ se puede congelar
- ✓ se puede preparar con antelación
- ✓ requiere plástico de cocina

ENSALADA DE ARROZ

1 ración

100 g de arroz cocido
1 pimiento rojo de lata
3 filetes de anchoa
1 cucharada de aceite de oliva
1/2 cucharada de zumo de limón
Sal y pimienta

4 raciones

400 g de arroz cocido
3 pimientos rojos de lata
3 filetes de anchoa
3 cucharada de aceite de oliva
1 cucharada de zumo de limón
Sal y pimienta

Pica muy menudo el pimiento o pimientos de lata, después de escurrirlos bien. Si en el cajón de las verduras tienes perdido algún pimiento verde pícalo también, en crudo y después de quitarle las semillas. Trocea las anchoas y mezcla con el arroz y los pimientos. Aliña con el aceite, el zumo de limón, sal y pimienta, y refrigera hasta el momento de consumir.

Si tienes la santa paciencia de picar los pimientos diminutos, casi del tamaño de los granos de arroz, la ensalada, además de rica, te va a quedar preciosa. Utiliza para esta receta arroz de grano largo, es la mejor manera de que no llegue al almuerzo pasado.

✓ necesita refrigeración
  necesita microondas / termo
✓ se puede congelar
✓ se puede preparar con antelación
✓ requiere fiambrera

Para llevar... de picnic
y de excursión

Una salida al campo con la familia o con los amigos es siempre un acontecimiento, sobre todo para los más pequeños. Lo malo que tiene el aire libre es que abre el apetito que es un escándalo..., así que más vale que hayamos calculado bien las provisiones.

Para estas ocasiones la comida tiene que ser sobre todo sencilla y fácil de tomar, cuantos menos artilugios se requieran, mejor. Por supuesto, no nos molestamos en incluir aquí la receta de la tortilla de patatas ni la de los filetes empanados: se supone que cualquiera que haya comido en el campo domina las técnicas al dedillo. Vamos a utilizar sobre todo cosas que se puedan comer «a dedo», y también cremas para untar o para mojar pan y verduras, que siempre son un éxito.

Ni que decir tiene que tendremos que extremar las medidas de precaución con la seguridad de los alimentos. Si no disponemos de nevera portátil es mejor no incluir en el menú los ingredientes más delicados y, aun así, convendrá conservarlos en el lugar más fresco que encontremos. ¡A la sombra, por supuesto! Desde luego, antes de volver a la civilización recoged los restos en bolsas de basura. El lugar tiene que quedar como si nunca hubierais pasado por allí.

Por último, si el picnic es para un grupo de amigos ¿qué tal si cada uno lleva preparada su receta favorita en plan sorpresa? Lo peor que puede suceder es que os encontréis con seis ensaladas de patata, pero hasta eso da igual…, seguro que todas son diferentes.

MUSLITOS DE POLLO AL HORNO

10 raciones

1 vaso de vinagre balsámico
20 muslitos de pollo
200 g de nueces muy picadas
1 cucharada de perejil picado
1 cucharada de orégano desmenuzado
Sal y pimienta

Limpia bien los muslitos y disponlos en una fuente de cristal, en una sola capa. Riégalos con el vinagre y deja marinar en la nevera como mínimo un par de horas (mejor toda la noche). Precalienta el horno a 180 ºC. Pon las nueces, las hierbas, sal y pimienta en una bolsa de plástico, añade los muslitos bien escurridos, ciérrala bien y sacúdela para que queden cubiertos con la mezcla de nueces. Introduce en el horno durante tres cuartos de hora, dando la vuelta cuando haya transcurrido la mitad del tiempo.

Se sirven a temperatura ambiente, aunque conviene tenerlos refrigerados hasta un rato antes de servir.

✓ necesita refrigeración
  necesita microondas / termo
  se puede congelar
✓ se puede preparar con antelación
✓ requiere fiambrera

TORTILLA DE VERDURAS

8 raciones

10 huevos
1 calabacín
1 latita de pimientos rojos
1 latita de guisantes
Restos de verduras cocidas
    (zanahoria, coliflor, patata...,
    cuantas más mejor)
Aceite y sal

Corta el calabacín en tiras gruesas y a continuación en dados; rehógalo en una sartén amplia con un chorrito de aceite y un pellizco de sal. Añade las verduras también troceadas, los guisantes escurridos y los pimientos rojos en tiritas.

Aparte, bate los huevos (si añades un chorrito de leche, la tortilla quedará así más jugosa) con la sal que te parezca necesaria. Añade las verduras, remueve bien y cuaja una tortilla grande o bien dos medianas. Está deliciosa caliente, pero también tibia o fría con un poquito de mahonesa (lleva mahonesa comercial, un tarro pequeño sin abrir). Tendrás que conservarla en un lugar bien fresco, y si has dejado el centro pelín crudo... mejor en la nevera. Es una buena alternativa a la socorrida tortilla de patatas.

✓ necesita refrigeración

necesita microondas / termo

se puede congelar

✓ se puede preparar con antelación

✓ requiere fiambrera o un plato de plástico
   y papel de aluminio

PECHUGAS DE POLLO GLASEADAS
(BARBACOA)

Lejos de mi intención dar instrucciones a los cocineros de barbacoa, que son muy suyos y guardan con celo los secretos de su arte. Por eso en este libro sólo se incluye una receta de este tipo (modestamente señalaré que queda de lujo y es mi favorita).

6 raciones

6 pechugas de pollo pequeñas sin piel ni huesos
6 cucharadas de miel de romero
$1/2$ vasito de salsa barbacoa
1 cucharada de mostaza estilo antiguo (con grano)
2 cucharadas de mantequilla

El día anterior a la barbacoa, o la misma mañana, quita los «solomillos» a las pechugas de pollo y guárdalos para otra receta. Elimina cualquier resto de grasa, y marca las pechugas por el lado más pulido con tres o cuatro cortes diagonales no muy profundos.

Aparte, mezcla bien la mantequilla con la miel, la salsa barbacoa y la mostaza, y pinta las pechugas con este mejunje. Refrigera el pollo y reserva la marinada que te sobre en un recipiente aparte.

Mientras se preparan los carbones de la barbacoa deja que el pollo se ponga a temperatura ambiente (excepto si hace un calor de órdago, no exageremos). Ásalas entre cinco y diez minutos por cada lado, hasta que estén hechas, untándolas de cuando en cuando con la marinada que hemos reservado. Si ha dado tiempo a asar en la misma barbacoa unas patatas, sírvelas con el pollo y un poco de mantequilla.

Receta original para barbacoa donde las haya... pero si el día amanece lluvioso siempre podemos hacer estas pechugas a la plancha. Es importante que la marinada sobrante se conserve aparte del pollo: así, cuando las untemos por última vez ya en la barbacoa, nos aseguramos de que ningún germen ha sobrevivido y no va a haber tiempo de que el fuego se encargue del pequeño canalla. Si no vas a consumir los solomillos del pollo en menos de cuarenta y ocho horas es mejor que los congeles. El pollo es muy traicionero... La miel de romero es oscura y de sabor muy marcado. Para esta receta, las mieles claritas no nos van a dar un resultado interesante.

- ✓ necesita refrigeración
-   necesita microondas / termo
-   se puede congelar
-   se puede preparar con antelación
- ✓ requiere barbacoa

QUICHE DE POLLO Y ESPÁRRAGOS

6 raciones

1 lámina de hojaldre o pasta brisa congelada
1 lata de espárragos verdes (unos 150 g escurridos)
200 g de restos de pollo asado o cocido
200 g de queso cheddar rallado
2 cucharadas de mostaza estilo antiguo
$1/2$ vaso de nata líquida
3 huevos
Sal y pimienta

Una vez descongelado el hojaldre o la pasta brisa, extiende la lámina con el rodillo de cocina y forra el interior de un molde desmontable. Perfora la superficie con un tenedor y hornéala a 200 ºC cinco minutos, a ser posible en la parte más baja del horno.

Mientras, pon en el vaso de la batidora la nata, los huevos, el queso, la mostaza, sal y pimienta, y bate bien. Incorpora los espárragos troceados y bien escurridos y el pollo, y remueve esta vez sin batir. Pon esta mezcla en la base prehorneada de la *quiche*, vuelve a meterla en el horno y deja hacer unos veinte minutos, o hasta que al pincharla con un palillo salga bastante limpio.

Deja enfriar la *quiche*, desmóldala (o si la has horneado en un recipiente desechable llévala tal cual), ponla sobre una bandeja de plástico para que tenga una base firme, y envuélvela en plástico de cocina o en papel de aluminio para transportarla sin tragedias. Refrigérala hasta media hora antes de servir.

Si el sabor del queso te resulta muy marcado sustitúyelo por otro más suave, hasta por queso crema. Y si encuentras bases de tarta salada ya preparadas en tu supermercado habitual... enhorabuena. Aprovecha, que no pasa todos los días.

- ✓ necesita refrigeración
- necesita microondas / termo
- se puede congelar
- ✓ se puede preparar con antelación
- ✓ requiere papel de aluminio o plástico de cocina

PASTITAS DE QUESO

Para unas 30 unidades

100 g de mantequilla
200 g de queso cheddar rallado
125 g de harina
2 huevos
1 sobre de cebolla en polvo
4 cucharadas soperas de perejil picado

Deja que la mantequilla se ablande bien. Puedes meterla en el microondas, pero a potencia de descongelación, y sólo unos pocos segundos: si se derrite, ya no te servirá (al menos para esta receta). Bátela con los huevos y el queso y, poco a poco, incorpora la harina, la cebolla en polvo y el perejil. Al principio podrás utilizar la batidora, pero hacia el final te resultará más fácil trabajar la mezcla con un tenedor.

Engrasa una bandeja de horno. En realidad sería mejor engrasar varias, pero si no hay, no hay. Forma bolitas con esta pasta y ponlas en la bandeja, separadas entre ellas. Refrigéralas al menos media hora.

Calienta el horno a 200 ºC y hornea las pastitas unos diez minutos o hasta que estén doradas. Quedarán un poquito blandas, pero al enfriarse se endurecerán y serán crujientes. Sácalas enseguida de la bandeja con una espátula, y deja que se terminen de enfriar sobre una rejilla. Hornea la siguiente tanda, y así hasta terminar con toda la pasta.

Una vez bien frías las pastas se pueden guardar en una fiambrera hermética, o incluso en una bolsa de plástico resistente si prometes no zarandearla mucho. Utilízalas en un picnic o en una excursión en vez del pan. No lo echarás de menos.

> necesita refrigeración
> necesita microondas / termo
> ✓ se puede congelar
> ✓ se puede preparar con antelación
> ✓ requiere fiambrera o bolsa hermética

«ALBÓNDIGAS» DE QUESO

6-8 raciones

400 g de queso crema
100 g de mantequilla
4 cucharadas de nata líquida
1 diente de ajo, sal y pimienta
A elegir: semillas de sésamo o de lino,
    pimentón dulce, avellanas o nueces
    picadas, perejil o cebollino picado...

Machaca bien el ajo en el mortero (o mejor pásalo por el prensa-ajos) y mézclalo con el queso crema y la mantequilla a punto de pomada. Añade la nata, te ayudará a trabajar mejor la pasta. Rectifica de sal y pimienta y mete la mezcla en la nevera una hora para que adquiera consistencia. Pon los ingredientes que hayas elegido (u otros que te apetezcan, la imaginación al poder). Forma bolas con la pasta y pasa cada una por un plato diferente para tener variedad. Deposítalas en una fiambrera y refrigera.

Se pueden comer con tostaditas o galletas saladas, o bien poner una «albóndiga» entre pan y pan, pegarle un apretoncito... *e voilà!*, bocadillo al instante.

Si tienes la precaución de poner unas cuantas hojas de lechuga troceadas en el fondo de la fiambrera antes de colocar dentro las bolas de queso conseguirás que no se golpeen entre ellas con el traqueteo, y así evitarás mezclar los «rebozados». Y si además eres tan inteligente como para llevar aparte un aliño para la lechuga, ensalada de propina.

✓ necesita refrigeración
  necesita microondas / termo
  se puede congelar
✓ se puede preparar con antelación
✓ requiere fiambrera

ESCABECHE DE PAVO

Para 10 raciones

1 kg de filetes de pechuga de pavo
2 cebollas
2 zanahorias
1 cabeza de ajos
1 vaso de caldo de ave
1 vaso de aceite
1 vaso de vinagre
6 clavos de olor
2 cucharadas de pimienta en grano
3 hojas de laurel
Sal

Corta en dos las cebollas peladas y clávales los clavos, valga la redundancia. Pela las zanahorias o ráspalas bien y córtalas en rodajas gruesas. Elige una cazuela baja y amplia para que quepan los ingredientes superponiéndose lo menos posible. Riégala con una pequeña parte del aceite y dispón encima los filetes de pavo; añade la cebolla, la zanahoria, los ajos sin pelar (presiona cada uno para asegurarte de que están buenos), los granos de pimienta y las hojas de laurel. Riega con el caldo, el aceite y el vinagre, y deja hacer a fuego mínimo con la cazuela tapada entre una hora y hora y media, dependiendo del grosor de los filetes. Deja enfriar en la misma cazuela, y luego guarda en la nevera un mínimo de dos días antes de consumir. Si te aseguras de que el

pavo está siempre cubierto de escabeche puede durarte
un mes entero.

      necesita refrigeración
      necesita microondas / termo
      se puede congelar
    ✓ se puede preparar con antelación
    ✓ requiere fiambrera

BOQUERONES EN VINAGRE
Y ANCHOAS EN ACEITE

10 raciones

$1/2$ kg de boquerones
Vinagre
Aceite
Ajos
Sal
Perejil

Para empezar, lo más desagradable: limpia bien los boquerones, quitando las cabezas y las tripas, ábrelos a lo largo y retira la espina. Quita también las espinas más duras de los bordes, que luego no apetece nada encontrárselas en la boca, y separa los dos lomos.

(Un inciso: en algunas pescaderías se venden los boquerones ya limpios [más caros, claro], y en otras, si no hay demasiado público, te los limpian si lo pides. Si es el caso de la tuya, aprovecha.)

Bien, estábamos limpiando los boquerones. A continuación, ponlos en un cuenco con agua abundante y déjalos tres o cuatro horas, cambiando el agua varias veces hasta que salga limpia. También puedes limpiarlos un buen rato bajo el chorro de agua fría si tienes prisa. Ponlos en una fuente de cristal o de loza (nunca de aluminio y de plástico mejor tampoco), si es necesario en varias capas, regando cada una con vinagre de vino blanco. No te pases con la cantidad, los boquerones no tienen que nadar en el vinagre.

El tiempo de maceración va a gustos, desde una hora si te van los sabores más suaves hasta seis si eres de los que desayunan con vinagre. En ningún caso hagas esas maceraciones eternas que se leen en algunos libros de cocina, ¡de hasta días enteros! Lo admito, el boquerón no será langosta, pero tiene una carne y un sabor muy delicados que se perderían por completo.

Escurre los boquerones, tira el vinagre y ve poniéndolos en capas en una fiambrera. Al terminar cada capa riégala con un buen chorrito de aceite de oliva, un pellizco de sal, perejil picado y ajo en laminitas muy finas. Guárdalos en la nevera, pero acuérdate de sacarlos un buen rato antes de comer, de lo contrario el aceite estará solidificado y los boquerones más tiesos que el cuero.

Para preparar anchoas el procedimiento es más o menos semejante. Partimos de anchoas limpias, sólo que no hace falta separar los lomos ni quitar la espina central, basta con quitar las cabezas y las tripas. Lávalas y sécalas con papel de cocina, y busca un tarro de cristal de boca ancha. Pon en el fondo del tarro una capa de sal gruesa como de un dedo de espesor, dispón encima una capa de anchoas y espolvorea con más sal gruesa. Sigue montando capas hasta terminar las anchoas, remata con una última de sal gruesa, y guarda en la nevera como mínimo tres meses. Para consumirlas lávalas bien bajo el chorro de agua fría, ábrelas, quita la espina central y consérvalas en aceite de oliva.

Para llevar a tu picnic, prepara dos fiambreras bien herméticas y pon en cada una la cantidad que necesites de boquerones y de anchoas. No hace falta refrigerarlas a menos que el calor sea de justicia.

      necesita refrigeración
      necesita microondas / termo
      se puede congelar
   ✓ se puede preparar con antelación
   ✓ requiere fiambrera

RAGÚ DE BERENJENAS Y PIMIENTOS

8 raciones

4 berenjenas grandes alargadas
4 pimientos rojos
4 dientes de ajo
$1/2$ vasito de aceite
1 vaso de vino tinto
2 cucharadas de perejil picado
Sal y pimienta al gusto

Lava bien los pimientos, quítales el pedúnculo y córtalos en tiras. Corta las berenjenas por la mitad, y luego cada mitad en tres a lo largo. Calienta el aceite en una cazuela de fondo grueso y añade los pimientos. Dales unas vueltas y luego incorpora las berenjenas, los ajos picados y el perejil. Rehoga un par de minutos, riega con el vino, tapa y deja hacer a fuego mínimo alrededor de una hora. Saca las verduras con una espumadera para no llevarte demasiado líquido y conserva en una fiambrera hasta el momento de consumir. A temperatura ambiente están deliciosas.

necesita refrigeración
necesita microondas / termo
se puede congelar
✓ se puede preparar con antelación
✓ requiere fiambrera

FIAMBRE DE PAVO

10 raciones

1 kg de pechuga de pavo picada
200 g de jamón curado, muy picado
100 g de pistachos pelados
1 lata de pimientos rojos
2 rebanadas de pan de molde
3 huevos
2 cucharadas de perejil picado
Pan rallado
Leche
Aceite de oliva
Sal y pimienta

Mezcla en un cuenco el pan con un chorrete de leche y, cuando se empape, desmenúzalo con las manos. Añade dos de los huevos batidos, el pavo, el jamón, los pistachos, los pimientos rojos troceados, el perejil, sal y pimienta. Mezcla bien y forma con esta masa dos troncos (si te queda demasiado blanda señal de que has añadido demasiada leche, añade un poco de pan rallado para conservar... la próxima vez pon menos leche), pásalos por el otro huevo batido y luego por pan rallado, y fríelos en una sartén honda con bastante aceite, a fuego vivo, para que cojan color por todos lados pero sin llegar a hacerse por dentro. Transfiérelos a una fuente e introduce en el horno precalentado a 180 ºC durante tres cuartos de hora. Deja enfriar del todo antes de cortar en lonchas.

Esta receta da un juego estupendo: cambiar el jamón curado por jamón de York o taquitos de beicon, el pimiento por otras verduras, los pistachos por otros frutos secos... Las lonchas se pueden tomar calientes (recalentándolas, claro, si intentas cortar los troncos recién salidos del horno entenderás la palabra «picadillo» en todo su amplio significado) con un sofrito de tomate, tibias del tiempo o frías con una mahonesa. Por si fuera poco, se congelan y descongelan de maravilla.

Y si este fiambre es tu aportación al picnic, la recomendación es prepararlo un par de días antes, cortarlo, recomponer los troncos, envolver en papel de aluminio y congelar. Sácalos del congelador por la mañana temprano, a mediodía se habrán descongelado y estarán listas para comer. Pero también es ideal para cenar una noche en familia y guardar las lonchas sobrantes en el congelador, envueltas de una en una, para llevar al colegio o a la oficina.

✓ necesita refrigeración
   necesita microondas / termo
✓ se puede congelar
✓ se puede preparar con antelación
✓ requiere fiambrera

TARTA DE SALMÓN Y GAMBAS

6 raciones

400 g de lomos de salmón
250 g de gambitas peladas
1/2 vaso de nata líquida
1/2 vaso de salsa de tomate
2 latitas de champiñones laminados
    (unos 100 g en total)
3 huevos
Pan rallado
Aceite
Sal y pimienta negra

Saltea las gambas con un poco de aceite y pícalas menudas. Mientras, desmenuza el salmón y cuécelo en el microondas un par de minutos. Pon en el vaso de la batidora la nata, la salsa de tomate y los huevos, condimenta con sal y pimienta y tritura bien. Añade el salmón, las gambas y los champiñones bien escurridos, y remueve.

Engrasa bien un molde desmontable, espolvoréalo con pan rallado y sacúdelo para eliminar el exceso. Vierte la mezcla dentro y hornea a 200 ºC durante media hora o hasta que al introducir una aguja ésta salga moderadamente limpia. Si ves que la superficie coge color demasiado pronto, tápala con papel de aluminio a media cocción. Deja enfriar antes de desmoldar.

Transfiere la tarta a una bandeja de plástico y envuélvela bien en papel de aluminio para transportarla. Hasta el momento de consumir consérvala en un lugar fresquito.

Otra posibilidad, como en el caso de la *quiche*, es hornear la tarta en un molde desechable. Te servirá para transportarla, y aunque el molde se ralle al cortarla con el cuchillo no será ninguna tragedia.

- ✓ necesita refrigeración
- necesita microondas / termo
- ✓ se puede congelar
- ✓ se puede preparar con antelación
- ✓ requiere molde desechable o plato de plástico y papel de aluminio

MUSLITOS DE POLLO EN ESCABECHE

8 raciones

16 muslitos de pollo
2 cebollas
1 cabeza de dientes de ajo
$^1/_2$ l de vinagre
1 l de aceite
Bouquet garni
12 granos de pimienta
1 cucharada de perejil picado
Sal y pimienta molida

Pon en una cazuela los muslitos de pollo bien limpios, las cebollas cortadas en cuartos, los dientes de ajo sin pelar (palpa cada uno con los dedos para asegurarte de que están buenos), el *bouquet garni* y los granos de pimienta. Añade el aceite y el vinagre, tapa bien y deja hacer a fuego medio-bajo durante una hora. Permite que el pollo se enfríe en la misma cazuela, transfiérelo con todo su líquido (los muslitos deben quedar bien cubiertos) a un recipiente, y conserva en la nevera al menos un par de días.

Si vas a llevarte estos muslitos a un picnic, el mismo día de la excursión sácalos del líquido de conservación, quítales la piel y dales un puntito de sal y pimienta. Ponlos en una fiambrera en la que no queden muy holgados. Cuela el escabeche y añade al recipiente una cucharada por cada muslo de pollo. Esta receta no necesita refrigeración (faltaría más, con la cantidad de conservantes que lleva), sólo tienes que guardar la fiambrera en un lugar fresco.

El *bouquet garni* se puede comprar ya hecho, pero es muy fácil de hacer en casa: sólo tienes que coger tres ramitas de perejil, una de tomillo y una hoja de laurel, y atarlas con cordel de cocina. Deja un extremo del cordel bien largo para mantenerlo fuera de la cazuela durante la cocción para así poder sacar el *bouquet garni* sin esfuerzos.

    necesita refrigeración
    necesita microondas / termo
    se puede congelar
✓ se puede preparar con antelación
✓ requiere fiambrera

PASTA DE AGUACATE Y SALMÓN

8 raciones

1 aguacate grande
200 g de salmón cocido
2 lonchas de salmón ahumado
1 cucharada de zumo de limón
1 diente de ajo
1 cucharadita de cebolla en polvo
Unas gotitas de Tabasco
   (opcional)
Sal

Parte el aguacate en dos a lo largo, saca el hueso y, con una cuchara, pasa la pulpa al vaso de la batidora. Añade el zumo de limón, el salmón cocido, el diente de ajo muy picado, la cebolla en polvo, el Tabasco si te gusta el picante y un poquito de sal, y tritura bien. Si la textura es demasiado espesa puedes agregar una cucharada de nata líquida, pero no más. Añade el salmón ahumado muy picadito y refrigera hasta el momento de servir.

Con esta pasta se preparan unos bocadillos estupendos y muy completos, y si la pones en tu mantel de picnic junto con crackers y bastoncitos de pan todos se van a hartar de «mojar».

✓ necesita refrigeración

necesita microondas / termo

se puede congelar

✓ se puede preparar con antelación

✓ requiere fiambrera

CALABACÍN EN ESCABECHE

6 raciones

1 kg de calabacines
4 dientes de ajo
1 pimienta de Cayena
1 cucharada de albahaca picada
¼ l de vinagre
1 hoja de laurel
Aceite y sal gruesa

Si los calabacines son muy tiernos no es necesario pelarlos, basta con limpiarlos bien con un paño y cortarles las puntas, que ésas son duras esté como esté el resto del calabacín. Luego córtalos en tiras a lo largo con un pelaverduras, colócalos en un escurridor y espolvorea con sal gruesa para que suelten el agua. Déjalos así como mínimo una hora. Escúrrelos, sécalos con un trapo y fríelos en aceite muy caliente. Déjalos reposar sobre papel de cocina para que no queden demasiado grasientos.

Mientras, en un chorrito de aceite, saltea el ajo picadito junto con la Cayena, añade el vinagre y el laurel, reduce el fuego y deja cocer diez minutos. Ve colocando los calabacines en capas en una fuente de cristal, y riega cada capa con un poco del escabeche y albahaca. Refrigera durante dos días como mínimo antes de consumir.

necesita refrigeración

necesita microondas / termo

se puede congelar

✓ se puede preparar con antelación

✓ requiere fiambrera

GALLETAS DE QUESO Y TOMATE

Salen unas veinte

150 g de harina
150 g de harina integral
200 ml de zumo de tomate
1 cucharadita de levadura química
50 g de mantequilla
50 g de queso parmesano rallado
Un pellizco generoso de orégano
Sal

Precalienta el horno a fuego fuerte (230 ºC). Mientras, mezcla en un cuenco los dos tipos de harina, la levadura, el orégano, el queso y la sal. Incorpora el zumo de tomate y la mantequilla derretida (no toda, guarda un par de cucharadas para pintar las galletas) y mezcla bien hasta obtener una masa blanda.

Amasa un minuto sobre una superficie enharinada, extiende con el rodillo hasta que tenga un grosor de un centímetro y corta las galletas con un cortapastas redondo, o bien con la boca de un vaso pequeño. Ponlas en la bandeja de horno, que no tendrás que engrasar (bastante mantequilla lleva ya la masa). Hablando de la mantequilla, utiliza la que te ha sobrado para pintar la superficie de las galletas y hornéalas unos diez minutos, hasta que estén doradas. Nada más sacarlas transfiérelas a una rejilla y deja enfriar del todo antes de guardar en un recipiente hermético.

Hablamos de levadura química cuando no queremos confundirla con la levadura natural, la de panadería, que últimamente se puede encontrar ya también en sobres y puede llevar a engaño. La levadura natural requiere un tiempo de fermentación para subir las masas, y la química no. Es la que hemos utilizado toda la vida para hacer bizcochos.

       necesita refrigeración
       necesita microondas / termo
       se puede congelar
  ✓ se puede preparar con antelación
  ✓ requiere fiambrera o bolsa hermética

HUMMUS

10 raciones

3 dientes de ajo
1 frasco de garbanzos en conserva
   (unos 400 g, peso escurrido)
El zumo de medio limón
3 cucharadas de tahini
1/2 vasito escaso de aceite de oliva
Sal

Pon los garbanzos en un escurridor y enjuágalos bien. Un consejo: si tienes paciencia y un ratito, pélalos de uno en uno. Es muy fácil, basta con apretarlos entre los dedos y la piel sale sola; si te tomas la molestia el *hummus* quedará mucho más fino. Con piel o sin ella, pon los garbanzos y el resto de los ingredientes en el vaso de la batidora, añade la mitad del aceite y tritura bien. Tendrás que parar de cuando en cuando para raspar las paredes, porque la pasta puede quedar demasiado espesa. En caso de necesidad agrega el resto del aceite. Rectifica de sal, transfiere a una fiambrera y refrigera; se conserva una semana sin problemas. Puedes utilizarlo para hacer sándwiches, untado en crackers o como relleno para verduras frías.

El tahini es una pasta de semillas de sésamo que encontrarás en grandes superficies y en las tiendas de dietética. Una vez abierto el frasco se conserva mucho tiempo en la nevera. La mala noticia es que es bastante calórico (100 g de nada son un chute de 600 calorías); la buena es que aporta cero colesterol y montones de calcio y potasio. No sólo sirve para este plato, claro: prueba a utilizarlo también como salsa para verduras (al calentarlo adquiere una consistencia cremosa) o como parte de un aliño para ensaladas.

necesita refrigeración
necesita microondas / termo
se puede congelar
✓ se puede preparar con antelación
✓ requiere fiambrera

FOCACCIA CON CEBOLLA

6 raciones

1 y ¹/₂ cucharaditas de levadura de panadería (10 g si es fresca)
¹/₄ l de agua
3 cucharadas de aceite de oliva
200 g de harina blanca
200 g de harina integral
1y ¹/₂ cucharaditas de sal
1 cebolla
1 cucharada de sal gruesa

Disuelve la levadura en el agua tibia y añádele dos cucharadas de aceite de oliva. Aparte, tamiza juntos los dos tipos de harina y la sal, e incorpora al cuenco del agua. Cuando te resulte difícil de trabajar, transfiere la masa a una superficie enharinada y ve añadiendo el resto mientras amasas. Dale forma de bola, ponla en un cuenco engrasado y cubre con un paño húmedo. Deja reposar un par de horas, hasta que doble su volumen. Una idea: puedes precalentar el horno a 50 ºC (el mínimo posible), luego apagarlo y dejar encendido sólo el piloto de luz. Introduce el cuenco con la masa, el calor residual acelerará mucho el proceso.

Saca la masa, aplástala y trabájala un par de minutos más. Espolvorea con harina una bandeja de horno y extiende la masa sobre ella de manera que la cubra por completo. Clávale los dedos repetidamente casi hasta perforarla y deja reposar una hora más. Píntala con el aceite de oliva que habías reservado y dispón por encima la cebolla cortada en aros y la sal gruesa. Hornea veinte minutos a 200 ºC y deja enfriar en una rejilla.

Este pan típico italiano se puede rematar de maneras muy diferentes; prueba a sustituir la cebolla por aceitunas picadas o pimientos rojos de lata.

necesita refrigeración
necesita microondas / termo
se puede congelar
se puede preparar con antelación
✓ requiere bolsa de papel o aluminio

BERENJENAS MARINADAS

8 raciones

1 kg de berenjenas
1 vasito de aceite
3 cucharadas de vinagre de Módena
3 dientes de ajo
3 cucharadas de perejil picado
4 anchoas
Más aceite y sal gruesa

Corta la berenjena en rodajas gruesas, ponlas en un escurridor, espolvoréalas con sal y deja reposar para que suelten líquido. Transcurrida media hora, enjuágalas y sécalas con un paño.

Mientras, mezcla el aceite con el vinagre, los ajos y las anchoas picados muy menudos y el perejil. Remueve bien.

Calienta un chorrito de aceite en una sartén y fríe las rodajas de berenjena. Déjalas escurrir sobre papel y, por último, ponlas en un recipiente con tapa, cubre con la marinada y deja reposar toda la noche. Sirve a temperatura ambiente.

En los viejos tiempos (no sé como cuánto de viejos, a mí ya no me tocó), lo de salar la berenjena y dejarla escurrir se llevaba a cabo para que perdieran su amargor. Con las nuevas variedades el problema ya no existe, y si se sigue haciendo todavía es porque así absorben menos grasa en el momento de freír. En este caso concreto, teniendo en cuenta que vas a marinar la berenjena en aceite, si quieres te puedes saltar el paso.

necesita refrigeración
necesita microondas / termo
se puede congelar
✓ se puede preparar con antelación
✓ requiere fiambrera

BABA GANOUJ

6 raciones

2 berenjenas
4 dientes de ajo
El zumo de medio limón
2 cucharadas de tahini
2 cucharadas de aceite de oliva
$^1/_2$ cucharadita de pimentón dulce
Sal

Introduce las berenjenas en el horno precalentado a 200 ºC y ásalas hasta que estén bien tiernas, aproximadamente tres cuartos de hora; tendrás que darles la vuelta varias veces durante este tiempo. Lo bueno es que, si la piel se churrusca un poco, no pasa nada. Déjalas enfriar y, cuando puedas manejarlas sin riesgo a quemarte, quítales la piel y pon la carne en el vaso de la batidora. Añade los ajos muy picados, el zumo de limón, el tahini y la sal. Tritura bien y prueba la crema para rectificar de sal. Ponla en un recipiente que cierre bien y espolvorea con el pimentón. Lleva el aceite en un frasquito aparte y añádelo, junto con unas aceitunas negras si te apetece, justo antes de servir.

Esta crema es deliciosa para sándwiches, y por supuesto muy nutritiva. También se puede comer untada en crackers o, más tradicional (en su Oriente Próximo natal, claro), mojando en ella triángulos de pan de pita.

necesita refrigeración

necesita microondas / termo

se puede congelar

✓ se puede preparar con antelación

✓ requiere fiambrera y frasco para el aceite

TZATZIKI

8 raciones

2 pepinos grandes
4 dientes de ajo
4 yogures naturales ($^1/_2$ l)
1 cucharadita de zumo de limón
1 cucharada de menta fresca

Pela los pepinos, rállalos y ponlos en un colador para que suelten el exceso de agua. Aparte, machaca bien los ajos en un mortero con un pellizco de sal, y pica menuda la menta. Mézclalo todo junto con los yogures y el zumo de limón. Pon la crema resultante en una fiambrera que cierre bien e introdúcela en una bolsa con abundantes cubitos de hielo. En otras palabras: es imprescindible la refrigeración hasta el momento mismo de consumir, para lo cual se proporcionará a los comensales palitos de pan, crackers o verduras crudas cortadas en bastoncitos. Nada menos.

✓ necesita refrigeración
   necesita microondas / termo
   se puede congelar
✓ se puede preparar con antelación
✓ requiere fiambrera

SANGRÍA

8 raciones

1,5 l de vino tinto
El zumo de 3 naranjas
El zumo de 1 limón
100 g de azúcar
Trozos de fruta fresca

Técnicamente se trata de mezclar todos los ingredientes y servir la sangría muy fría. Ahí reside precisamente el quid de la cuestión: ¿de qué sistemas dispones para que tu sangría esté bien fresquita hasta el último momento? Si son limitados, prueba a congelar parte del vino y los zumos, así estará bien fría sin aguarse. Por supuesto, aunque no es lo que manda la tradición, puedes añadir refrescos con burbujas.

✓ necesita refrigeración
   necesita microondas / termo
✓ se puede congelar (sin las frutas)
✓ se puede preparar con antelación
✓ requiere jarras con tapa hermética

MEJILLONES A LA VINAGRETA

8 raciones

2 kg de mejillones
2 pimientos verdes
1 pimiento rojo
2 cebolletas
$1/2$ vaso de aceite de oliva
4 cucharadas de vinagre
Sal y pimienta

Pon agua a hervir y escalda un par de minutos los dos tipos de pimiento y los tomates. Sácalos, déjalos enfriar, pela y pica el tomate; pica los pimientos después de quitarles las semillas y, para que no sean menos, pica también las cebolletas muy menudas. Mezcla bien con el vinagre, el aceite, sal y pimienta.

Limpia bien los mejillones, que es lo más trabajoso de esta receta, porque tienes que raspar las conchas y quitar las barbas. Ponlos en una cazuela con un poquito de agua (o vino blanco si lo prefieres), tapa y calienta a fuego vivo un máximo de diez minutos. Ve sacando los mejillones a medida que se abran, y desecha los que sigan obstinadamente cerrados una vez transcurrido ese tiempo. Cuela el caldo y guárdalo en el congelador, será una buena aportación a tu próxima sopa de pescado.

Quita una de las conchas de cada mejillón y disponlos en una fiambrera. Esparce por encima la vinagreta,
cierra muy bien e introduce en una bolsa hermética (o
en otra fiambrera más grande todavía) llena de cubitos
de hielo. Hazlo aunque vayas a llevar los mejillones en
una nevera portátil, es importante que lleguen muy
fríos a la hora de comer.

✓ necesita refrigeración
 necesita microondas / termo
 se puede congelar
✓ se puede preparar con antelación
✓ requiere fiambrera

ESPIRALES DE TORTILLA CON QUESO

6 raciones

6 huevos
1 cucharada de nata líquida o de leche
1 cucharada de hierbas aromáticas
   (a tu elección), picadas
1 cucharada de queso para untar
150 g de queso brie, sin la corteza
Aceite
Sal y pimienta

Bate bien los huevos con la nata o la leche, sal y pimienta. Calienta unas gotitas de aceite en la sartén y ve cuajando tortillas redondas de manera que queden muy finas, hasta agotar la mezcla de huevo. Al ser tan finas no hay que darles la vuelta, de lo contrario tendrías que ser un genio para que te salieran circulares. Si calculas bien obtendrás una docena, aunque todo depende del tamaño de la sartén, claro.

Mientras las tortillas se enfrían machaca con un tenedor los dos tipos de queso (si el brie no está bien tierno vas a tener que echar mano de la batidora). Añade las hierbas y unta las tortillas con esta pasta, pero sin llegar a los bordes. Forma rollitos, envuélvelos en plástico de cocina y refrigera hasta el momento de consumir, pero como mínimo un par de horas.

Estas espirales son ideales para comer «a dedo». Si las preparas para tomar en casa prueba a cortarlas como si fueran fiambre y a servirlas sobre una ensalada de berros.

✓ necesita refrigeración

   necesita microondas / termo

✓ se puede congelar

✓ se puede preparar con antelación

✓ requiere fiambrera

ENSALADA DE JUDÍAS BLANCAS
CON ATÚN

8-10 raciones

2 frascos de judías blancas (unos 800 g,
    peso escurrido)
150 g de atún en conserva
3 huevos duros
1 latita de filetes de anchoa
1 diente de ajo
$1/2$ vasito de aceite de oliva
$1/2$ cucharadita de menta fresca,
    picada (opcional)
Sal

Saca de los frascos las judías blancas y acláralas bajo el chorro de agua fría para que no quede ni rastro del líquido de conservación. Déjalas reposar un rato en un escurridor, así no aguarán la fiambrera.

Mientras, desmenuza el atún y pica muy fino el ajo. Trocea los huevos y también los filetes de anchoa. Mezcla todo con las judías y guarda en una fiambrera grande. Riega con el aceite de oliva, mezclado si quieres con un poquito de sal (recuerda que tanto las judías como el atún ya llevan su propia sal, y de las anchoas mejor ni hablar). La menta, si la usas, le dará a esta ensalada un toque muy fresco.

Puedes dejarla preparada desde la noche anterior,

y consérvala en un lugar fresco hasta el momento de consumir.

    necesita refrigeración
    necesita microondas / termo
    se puede congelar
✓ se puede preparar con antelación
✓ requiere fiambrera

ENSALADA DE POLLO

10 raciones

2 pollos asados
$1/4$ kg de beicon en lonchas
200 g de queso curado
1 pepino pequeño
4 tomates grandes
1 cogollo de lechuga
1 latita de aceitunas deshuesadas
$1/2$ vaso de aceite de oliva
$1/2$ vasito de vinagre
1 cucharada de mostaza suave
Sal y pimienta

Separa las hojas del cogollo de lechuga, lávalas bien, sécalas y trocéalas en una fiambrera bien amplia. Añade el pepino pelado y cortado en trocitos, los tomates picados sin piel ni semillas y el queso en dados. Quita la piel y los huesos a los pollos y añade a la fiambrera toda la carne cortada en trozos. Haz el beicon a la plancha sin nada de grasa hasta que esté muy crujiente, déjalo enfriar sobre papel de cocina y por último desmenúzalo sobre el pollo. Escurre bien las aceitunas, pícalas en aros finos, tapa bien la fiambrera y refrigera.

En un frasco que cierre bien, prepara el aliño con el aceite, el vinagre, la mostaza, sal y pimienta. Incorpóralo a la ensalada sólo en el momento de consumir.

Los pollos se pueden comprar ya asados, como muy bien sabe cualquiera que se haya encontrado un domingo sin la menor idea de qué poner en la mesa, pero no cuesta nada hacerlos en casa. Los dos a la vez, claro.

✓ necesita refrigeración
  necesita microondas / termo
  se puede congelar
✓ se puede preparar con antelación
✓ requiere fiambrera y frasco para el aliño

CHAMPIÑONES MARINADOS

8 raciones

³/₄ kg de champiñones,
    cuanto más pequeños mejor
¹/₂ l de aceite
El zumo de 2 limones
1 guindilla roja picada
    en aritos finos
1 cucharada de sal
Un pellizco de azúcar

Limpia bien los champiñones, corta los tallos a ras del sombrero y ve poniéndolos en un frasco de cristal pulcramente limpio. Aparte, calienta el resto de los ingredientes en un cazo y viértelos sobre los champiñones. Cierra bien el frasco y deja enfriar. Deben reposar un mínimo de cuatro horas y un máximo de una semana.

Ni se te ocurra tirar los tallos (los «pies») de los champiñones. Córtalos en láminas y saltéalos con ajos, utilízalos para un revuelto o haz con ellos una deliciosa mantequilla para sándwiches (véase la receta de la crema de espárragos verdes con gambas, página 122).

necesita refrigeración

necesita microondas / termo

se puede congelar

✓ se puede preparar con antelación

✓ requiere frasco de cristal o fiambrera

BOCADITOS DE PAVO

10 raciones

1 kg de pechuga de pavo
1 manojo de cebolletas
2 dientes de ajo
1 huevo
2 rebanadas de pan de molde
3 cucharadas de perejil picado
Leche
Pan rallado
Aceite y sal
Ketchup

Pide en la carnicería que pasen la carne de pavo por la picadora dos veces. Remoja el pan en un poco de leche, escúrrelo y mézclalo bien con el pavo, el huevo batido, el ajo prensado, el perejil picado, las cebolletas picadas muy menudas y la sal. Forma unas bolitas pequeñas, pásalas por el pan rallado y refrigéralas durante un par de horas antes de freírlas en aceite abundante. Escúrrelas sobre papel de cocina y refrigéralas hasta el momento de consumirlas mojándolas en ketchup o en salsa barbacoa.

Estas deliciosas minialbóndigas les encantan a los niños y se congelan de maravilla, así que no tienes que reservarlas necesariamente para un picnic: haz una buena provisión de ellas y tendrás muchos menús del colegio resueltos.

✓ necesita refrigeración
  necesita microondas / termo
✓ se puede congelar
✓ se puede preparar con antelación
✓ requiere fiambrera

SOJA CRUJIENTE

Soja verde
Ajo en polvo
Agua
Sal

Pon la soja a remojo en agua abundante durante ocho horas, o mejor toda la noche. Transfiere a un escurridor y deja secar un par de horas (también puedes secar con un paño limpio o papel de cocina, yo lo decía sólo para que trabajaras lo menos posible). Dispón la soja en una bandeja de horno de manera que quede en una sola capa, espolvorea con abundante ajo en polvo y sal, y hornea a 170 ºC durante unos cuarenta y cinco minutos, removiendo a menudo, hasta que todos los granos estén crujientes. Deja enfriar bien y guarda en bolsas de plástico con cierre hermético.

La soja verde es una legumbre muy consumida en otros países y muy apreciada por su gran valor nutritivo. Aquí no es tan común, parece que sólo conocemos los brotes, pero ya la puedes encontrar en comercios especializados y en tiendas de dietética. No tengas miedo de «pasarte» con la sal y con el ajo, la soja cogerá el punto justo de condimento. Lo más habitual será que te quedes corto...

Puedes utilizar la soja crujiente en ensaladas, claro, pero te va a resultar especialmente útil como tentempié a media mañana, te aportará un buen chute de energía, por no mencionar abundante fibra (casi un 20 % de su peso), grasas poliinsaturadas (las buenas) y un montón de minerales. Ideal también para recuperar fuerzas en medio de una excursión...; eso sí, imprescindible tener una buena dentadura.

necesita refrigeración

necesita microondas / termo

se puede congelar

✓ se puede preparar con antelación

✓ requiere bolsa hermética

10 raciones

4 plátanos macho
Aceite
Sal

Pon abundante aceite a calentar en una sartén honda, o bien precalienta la freidora a 190 ºC. Pela los plátanos (tendrás que usar el cuchillo, no son precisamente como nuestros plátanos de Canarias) y, con ayuda de una mandolina, córtalos directamente sobre el aceite en rodajas de un par de milímetros de grosor. Tendrás que trabajar por tandas, claro. Cuando las chicharritas estén doradas sácalas con una espumadera a un escurridor con papel de cocina para que suelten el exceso de grasa. Añádeles un poco de sal todavía en caliente. Cuando termines con los plátanos, deja enfriar las chicharritas y guárdalas en una bolsa de plástico o papel. Se conservarán crujientes de un día para otro.

Con los plátanos macho también se puede preparar otra receta muy típica del Caribe: los tostones. El procedimiento es similar, sólo que las rodajas son muy gruesas, aproximadamente de dos centímetros. Cuando ya estén doradas sácalas de la sartén a una tabla de cocina y dales un buen golpe con el dorso de una cuchara o directamente con el puño (por eso se suele llamar también «plátanos a puñetazos»). A continuación, devuelve a la sartén para que terminen de hacerse, o bien deja enfriar y guarda en el congelador. En este último caso no necesitarás descongelar antes de añadir a la sartén para terminar de hacerlos.

       necesita refrigeración
       necesita microondas / termo
       se puede congelar
   ✓ se puede preparar con antelación
   ✓ requiere bolsa de plástico o de papel

BROWNIES

8 raciones

200 g de harina
120 g de mantequilla
120 g de chocolate
4 huevos
1 cucharada sopera de azúcar en polvo
Unas gotitas de esencia de vainilla
100 g de nueces picadas
Un pellizco de sal

Para empezar derrite el chocolate al baño María. También lo puedes hacer en el microondas, pero a potencia muy baja (la de descongelar) y removiendo varias veces. Ve con cuidado, es muy fácil pasarse del punto.

La mantequilla, que tendrá que estar a temperatura ambiente (también puedes tirar de microondas para esto, con el mismo cuidado, porque si se te derrite ya no vale), se bate bien con el azúcar, y luego se van incorporando los huevos de uno en uno. Para terminar, añade a la mezcla el chocolate, la esencia de vainilla, las nueces, la harina y la sal. Conviene ir despacio e incorporar bien cada ingrediente antes de añadir el siguiente, si no la mezcla será difícil de trabajar.

Engrasa un molde rectangular o cuadrado y llénalo con esta pasta. Hornea a 170 ºC durante media hora, o hasta que la mezcla esté cuajada. Deja enfriar diez minutos antes de cortar en cuadrados con un cuchillo bien afilado. ¡Ojo, no se te ocurra desmoldar aún! Espera a que estén fríos del todo y ponlos en una fiambrera que cierre bien. Echa el azúcar en un colador pequeño y agítalo sobre los *brownies* para espolvorearlos de manera homogénea.

Los *brownies* son una auténtica delicia de un día para otro y no requieren refrigeración, pero algo tendrás que hacer para quemar las calorías, porque encima de que están deliciosos y no te podrás comer sólo uno, no son precisamente *light*.

    necesita refrigeración
    necesita microondas / termo
    se puede congelar
✓ se puede preparar con antelación
✓ requiere fiambrera